DATE DUE FOR RETURN

CANCELLED

NEW AC

LES DIX-HUITIÈMES SIÈCLES
Collection dirigée par Raymond Trousson et Antony McKenna
15

LES ROMANCIERS DU PLAISIR

Essai

Dans la même collection:

Catherine CUSSET

LES ROMANCIERS
DU PLAISIR

Essai

PARIS
HONORÉ CHAMPION ÉDITEUR
7, QUAI MALAQUAIS (VIᵉ)
1998

Diffusion hors France: Editions Slatkine, Genève

ISBN 2-85203-745-9   ISSN 1259-4482

REMERCIEMENTS

C'est ici le lieu d'exprimer toute ma gratitude envers mon premier maître à penser au sein de l'université, le directeur de ma thèse sur Sade, M. Georges Benrekassa, dont j'ai pu, pendant dix ans, apprécier la générosité et l'intégrité intellectuelles. Je dois également un grand remerciement au professeur Peter Brooks qui m'a accueillie si chaleureusement à l'université Yale en 1986 que j'y suis restée pour poursuivre sous sa direction des recherches doctorales qui ont été le point de départ de ce livre. Merci à mon ami Denis Hollier qui m'a guidée de son sage conseil pendant mes années d'enseignement à Yale, ainsi qu'à tous mes collègues. Je suis extrêmement reconnaissante à l'Ecole Normale Supérieure de Sèvres qui, en m'envoyant comme lectrice à Yale en 1986, m'a permis d'observer la littérature française des bords d'un autre continent et d'une autre culture, et à l'université Yale qui m'a octroyé en 1993-94 une bourse Morse qui a rendu possible l'écriture de ce livre.

Enfin, un merci non moindre à M. Raymond Trousson qui offre aimablement une place à ce livre dans sa collection, et à tous ceux qui m'ont soutenue jusqu'à la dernière heure: Vlad Jenkins, Hilari Allred, Serge Koster, Josette Pacaly, Nancy K. Miller, Rosine, Jean-Claude, Sophie, François et Yves Cusset, et les autres.

INTRODUCTION:
PETITES MORALES DU PLAISIR

Au musée, on reconnaît la salle du XVIIIe siècle français à ses petits tableaux aux couleurs vives ou pastels qui montrent des scènes galantes, des femmes à leur toilette ou dans leur jardin, prêtes à se laisser séduire: Watteau, Pater, Lancret, Boucher, Fragonard. Ouvrons un roman, un de ces romans dits «libertins» dont le siècle a produit tant d'exemples: Marivaux, Prévost, Crébillon fils, Diderot, Dorat, Duclos, La Morlière, Laclos, Vivant Denon, Louvet, Sade. Il n'y est question que de plaisirs, de jouissances, de manipulations de l'autre en vue de le séduire.[1]

Pourquoi cet intérêt pour le plaisir? Quelle vision de l'homme en découle? On peut la dire limitée. Les philosophes matérialistes français, d'Holbach, Helvétius, La Mettrie, qui récupèrent les principes de l'empirisme du philosophe anglais Locke pour lutter contre la métaphysique transcendantale de Descartes, n'assignent pas d'autre but à la vie humaine que d'éviter le déplaisir et chercher le plaisir. Le philosophe sensualiste Condillac montre que le premier des sens, celui qui informe les autres, est le toucher et non le sens qui, dans la tradition métaphysique, avait toujours été considéré comme le plus important parce que le plus spirituel, la vue.[2] C'est dans ce contexte philosophique de résistance à la métaphysique que se développe une littérature qui donne le premier rôle au corps: à ce sentiment de plaisir qui, dit l'*Encyclopédie* de Diderot et d'Alembert, «nous rend heureux du moins pendant tout le

---

[1]   Voir Laurent Versini, *Laclos et la tradition*. Paris: Klincksieck, 1969; Pierre Saint-Amand, *Séduire ou la passion des Lumières*. Paris: Méridien-Klincksieck, 1987; Colette Cazenobe, *Le système du libertinage de Crébillon à Laclos*. Oxford: The Voltaire Foundation, 1991.

[2]   Voir Condillac, *Extrait raisonné du Traité des sensations*, dans *Traité des Sensations*. Paris: Fayard, 1984, p. 300.

temps que nous le goûtons.»[3] Cette littérature privilégie les sentiments superficiels et éphémères sur les sentiments et les valeurs nobles et durables favorisés par les morales traditionnelles, chrétienne ou aristocratique, qui exaltent la maîtrise de soi et prêchent le sacrifice. A une éthique cartésienne de la «générosité», telle qu'elle est analysée par Paul Bénichou dans *Les morales du grand siècle*, répond, au XVIIIe siècle, ce qu'on pourrait appeler une éthique de la superficialité (que le siècle nommerait plutôt «frivolité»): de tout ce qui relève de la surface, que ce soit celle du corps (la peau) ou de l'âme (la vanité).[4]

Petites morales? Elles ne sont certainement pas petites par leur compréhension de la nature humaine, les morales dont il sera question ici: petites seulement parce qu'elles luttent contre l'idéalisme et rabaissent les prétentions métaphysiques de l'être humain. Petites aussi parce qu'elles ne sont pas affirmées glorieusement et autoritairement, mais se faufilent humblement par le canal du roman: par le canal du plaisir qu'il donne à ses lecteurs.[5]

Les romanciers du XVIIIe siècle prennent la place des moralistes du dix-septième siècle: ils prétendent délivrer la «vérité» du cœur humain.[6] Aussi la morale s'incarne-t-elle dans un roman, dans un personnage féminin, dans une de ces femmes frivoles critiquées par les censeurs. D'où les titres des chapitres qui suivent: Manon ou le plaisir, Mme de Lursay ou la vanité, Thérèse ou la raison, Suzanne ou la liberté, Mme de T... ou la décence. La morale ainsi incarnée est plus subtile, plus vivante, plus complexe, plus proche de la nature humaine.

---

[3]   *Encyclopédie, ou Dictionnaire raisonné des arts, sciences, et des métiers*. Paris, 1756, article «Plaisir». Voir Michel Delon, *L'idée d'énergie au siècle des Lumières*, Paris, PUF, 1988; Anne Deneys-Tuney, *Ecritures du Corps de Descartes à Laclos*. Paris: PUF, 1992.

[4]   Voir Paul Benichou, *Morales du grand siècle*. Paris: Gallimard, 1948. En 1750 l'avocat Pierre-Joseph Boudier de Villemert publie un petit pamphlet qui résume l'esprit du siècle et dont le titre est révélateur: *Apologie de la frivolité, lettre à un Anglois*. Paris: Prault père, 1750.

[5]   Et c'est aussi à travers le roman (la «fable») que se forme au XVIIIe siècle la subjectivité moderne. Voir Georges Benrekassa, *Fables de la personne: pour une histoire de la subjectivité*. Paris: PUF, 1985.

[6]   Peter Brooks montre que les romanciers du XVIIIe siècle assument le rôle des moralistes du XVIIe siècle. Voir *The Novel of Wordliness*. Princeton: Princeton University Press, 1969.

Les romanciers du siècle expriment tous le même désir: ne peindre que le «vrai.»[7] Aux longs romans épiques et aux livres de morale du dix-septième siècle succèdent des narrations à la première personne, concentrées, rapides. Ce qu'ils appellent «le vrai», ou «la vérité du cœur», s'évalue en raison de l'effet produit sur les lecteurs, ou plutôt sur les lectrices: en raison du plaisir ressenti par une catégorie de lecteurs, les femmes, dont l'instinct n'est pas brouillé par la connaissance des règles savantes. Il s'agit, comme le disent Marivaux en 1712 dans sa préface aux *Effets surprenants de la sympathie ou les aventures de **** et Diderot en 1770 dans son court essai *Sur les femmes*, d'écrire un roman comme on parle à une femme quand on veut lui plaire et retenir son attention: il faut que le style, spontané et vif, exprime le souffle de la vie.[8]

C'est la «vérité du cœur» que prétendent peindre ces romanciers du plaisir qui m'intéresse ici.

Les protagonistes des romans libertins sont très jeunes. Le XVIIIe siècle avant Rousseau ne prête pas attention à l'enfance, mais à cet âge de crise qu'on appelle l'adolescence et qui correspond, à l'époque des Lumières, à la découverte du plaisir physique et à l'entrée dans le «monde», le cercle social des adultes. Dix-sept ans est l'âge privilégié: c'est celui de des Grieux au début de *Manon Lescaut* de Prévost, celui de Suzanne Simonin – qui garde ses dix-sept ans en dépit des années qui passent et de la vraisemblance – dans *La religieuse* de Diderot, celui de Meilcour dans *Les égarements du cœur et de l'esprit*, celui du héros des *Amours du chevalier de Faublas* de Louvet à la fin de ses aventures; la femme de Faublas, Sophie, a quinze ans, et sa maîtresse,

---

[7]   Voir Georges May, *Le dilemme du roman au XVIIIe siècle. Etude sur les rapports du roman et de la critique (1715-1761)*. New Haven: Yale University Press, and Paris: P.U.F., 1963. Dans la préface aux *Egarements du cœur et de l'esprit*, Crébillon fils dit que le but de toute fiction romanesque doit être de «peindre les hommes tels qu'ils sont» «car le vrai seul subsiste toujours.» Sade écrit: «...l'étude profonde du cœur de l'homme, véritable dédale de la nature, peut seule inspirer le romancier.» Sade, *Idée sur les romans, suivi de L'auteur des Crimes de l'amour à Villeterque, Folliculaire*, éd. Jean Glastier. Paris: Ducros, 1970, p. 48-49.

[8]   Denis Diderot, *Sur les femmes, Œuvres*. Paris: Gallimard, 1951, p. 957-958. Marivaux, *Œuvres de Jeunesse*, éd. Frédéric Deloffre. Paris: Gallimard, Bibliothèque de la Pléiade, 1972. «Avis au lecteur», p. 3-9; et «Lettre sur les habitants de Paris». *Journaux et Œuvres diverses*, éd. Frédéric Deloffre et Michel Gilot. Paris: Classiques Garnier, 1968, p. 28.

la comtesse de Lignolles, dix-sept ans; l'héroïne de *La vie de Marianne*
de Marivaux a quinze ans quand un curé commence à s'intéresser à
elle, c'est-à-dire quand son histoire commence; Théophé, l'héroïne de
l'*Histoire d'une Grecque moderne* de Prévost, a seize ans; les deux
sœurs célèbres de Sade, Justine et Juliette, ont douze et quinze ans au
début de leurs aventures. Le protagoniste de *Point de lendemain* de
Vivant Denon avait vingt-cinq ans en 1777, et l'auteur de la nouvelle le
rajeunit dans la version de 1812: il en a maintenant vingt. Dans *Les
liaisons dangereuses* de Laclos, le comte de Gercourt, avec ses trente-
six ans, semble à Cécile de Volanges un vieillard. Dix-sept ans: c'est
l'âge auquel commence un rapport avec l'autre à la fois physique et
social, un rapport engageant le corps et l'esprit.

Le plaisir découvert par les jeunes héros et héroïnes des romans fait
entrer en compte une dimension qui est celle du corps et qui ne se plie
pas aux raisonnements logiques ou moralistes: de principe physique, il
devient principe psychologique.[9] Avec la notion de plaisir, les romanciers libertins admettent une part d'inconscient, des déterminations dont
on ne peut pas rendre raison, l'idée d'une méconnaissance de soi. Plaisir, et non désir: le mot *désir* connote le manque, et le manque n'est pas
ce qui intéresse les romanciers libertins. Le modèle psychologique
qu'ils mettent en valeur n'est pas celui du manque, mais celui du
«plein», de cette plénitude de sensation qui, dans l'instant, peut annihi-
ler tout souvenir du passé et toute considération du futur: ils sont frap-
pés par la contradiction entre notre être moral, qui s'affirme dans la
durée, et cet autre être, à la fois physique, moral et imaginaire, qui
nous fait commettre dans le *moment* des actes contradictoires avec toutes nos valeurs morales.

Dans la préface de *Manon Lescaut*, l'abbé Prévost, ou plutôt son
narrateur fictif, l'Homme de Qualité, commence par reconnaître qu'il
n'y a rien de plus doux dans la vie que de s'entretenir avec un ami de
questions morales. Puis il demande: «Comment arrive-t-il donc qu'on
tombe si facilement de ces hautes spéculations, et qu'on se retrouve

---

[9]   Anne Deneys-Tuney a mis en valeur le rôle du corps dans le roman du XVIIIe siècle,
       en montrant comment le *Traité des passions de l'âme* de Descartes, qui reconnaît le
       rôle prédominant du corps et la difficulté de l'influencer ou le contrôler, avait in-
       fluencé le XVIIIe siècle. Voir Anne Deneys-Tuney, *Ecritures du Corps de Descartes
       à Laclos*. Paris: PUF, 1992.

sitôt au niveau du commun des hommes?»[10] Le niveau du commun des hommes, c'est celui où les «hautes spéculations» morales ne sont d'aucun effet et n'aident pas à résoudre les réelles contradictions du sujet. La morale est impuissante parce qu'elle ne prend pas en compte une dimension essentielle, celle du moment présent, de la sensation. «Comment arrive-t-il qu'on tombe...?» demande ingénument Prévost, tour à tour moine et aventurier, théologien et romancier, qui a eu bien du mal à concilier dans la vie ses deux vocations.[11] «Tomber»: le mot n'est pas innocent. C'est de chute, ici, qu'il est question, et la chute est une notion éminemment morale. Prévost ne lui donne pas de sens théologique. Il ne porte pas de jugement. Il se contente de constater qu'on «tombe». Il s'adresse à ses lecteurs, à ses censeurs, et leur suggère de trouver eux-mêmes la réponse à cette question inquiète: «Comment arrive-t-il qu'on tombe...?» Comment? Peu importe. Le fait est qu'on tombe, qu'on est tombé, qu'on a déchu. Le romancier libertin s'intéresse à l'homme en train de tomber, à l'homme après la chute. La *chute* est reconnue comme une réalité première, à laquelle le romancier libertin ne donne pas de sens moral ou théologique, mais simplement physique. On la retrouve dans un concept essentiel du libertinage, celui d'*occasion*, formé à partir du verbe latin *cado, is, ere, tomber*. L'occasion, chez Crébillon fils, c'est le moment de la séduction.

Voilà pourquoi c'est dans le roman, et non dans un livre de morale, qu'on trouvera la morale la plus efficace, la plus proche de la vérité humaine. Un roman, dit subtilement l'abbé Prévost, est un «traité de morale agréablement réduit en exercice». «Traité de morale»: pendant tout le siècle les romanciers cherchent à défendre la valeur morale du roman afin de lutter contre l'idée que le roman est un genre frivole, inutile et dangereux.[12] «Réduit en exercice.» Voilà les mots qui importent: si le XVIIIᵉ siècle libertin favorise une opération, c'est la réduction, du grand au petit, de l'idéal au réel, du sentimental au sexuel, du métaphysique au physique. «En exercice»: il ne peut y avoir de mo-

---

[10] Abbé Prévost, *Manon Lescaut*. Edition de Frédéric Deloffre et Raymond Picard, Paris: Garnier, 1965. Nouvelle édition en 1990.

[11] Voir Jean Sgard, *L'abbé Prévost: labyrinthes de la mémoire*. Paris, PUF, 1986.

[12] Sur la valeur morale du roman, voir Lenglet-Dufresnoy, *De l'usage des romans, où l'on fait voir leur utilité et leurs différences*. Amsterdam, veuve de Poilras, 1734; Genève, Slatkine, 1970. Denis Diderot, *Eloge de Richardson*, dans *Œuvres Complètes*, tome XIII, *Arts et Lettres (1739-1766)*, ed. Jean Varloot. Paris, Hermann, 1980, p. 192.

rale valide qu'«en exercice», c'est-à-dire mise en pratique dans le *moment* présent.

Il ne faudrait pas croire que ce plaisir dont ne cessent de parler les romanciers du XVIIIe siècle est représenté comme la valeur ultime. Il n'est pas une valeur, mais une réalité. Ce qu'on trouve dans les romans libertins, ce n'est pas une propagande du plaisir, contrairement à ce qu'on croit le plus souvent. Les romanciers libertins ne disent pas à leurs lecteurs et lectrices qu'il faut jouir, jouir à tout prix, qu'il n'y a que le plaisir qui compte, que seul le plaisir des sens est valable en ce monde. Leurs personnages le disent peut-être, mais les personnages, on le sait depuis longtemps, se distinguent de leur auteur. Exalter le plaisir aux dépens de toute autre réalité serait naïf. Les romanciers libertins eux-mêmes savent que le principe de réalité finit en général par triompher du principe de plaisir. La preuve en est que leurs romans se terminent par la maladie, la folie, la mort ou le repentir de leurs héros. Prévost, Duclos, Diderot, Dorat, Laclos, Louvet, envisagent tous les conséquences négatives des «égarements» de leurs personnages. Toutefois, la fin catastrophique des romans libertins ne prouve pas l'échec du plaisir: le plaisir de la lecture ne vient-il pas de l'intrigue libertine plutôt que de la moralisation finale? Et, surtout, la connaissance anticipée de la catastrophe aurait-elle empêché l'égarement de se produire?

Il ne semble donc pas juste de conclure, comme le fait Milan Kundera dans *La lenteur*, au «caractère désespérément utopique» de l'idéal hédoniste des Lumières. L'hédonisme des Lumières n'est pas un idéal: le roman libertin se caractérise précisément par son rejet de l'idéal, son rejet de toute dimension transcendant le sensible et le concret. Comme le dit Kundera dans ce même roman, la force du roman libertin se situe dans son analyse rigoureuse de la machine psychologique humaine. Le plaisir n'est pas un idéal mais une réalité physique et psychologique dont les romanciers libertins nous invitent, avec ironie et lucidité, à reconnaître le pouvoir, même s'il est tentant de croire à la liberté de l'âme. La morale du libertinage peut gêner par son manque d'idéalisme, par son *réalisme*, ou son cynisme pragmatique. On préfère cette autre littérature qui, dès la fin du XVIIIe siècle, place la subjectivité moderne sous le signe du manque et de la souffrance. A partir de Rousseau et surtout de Goethe, la littérature exalte une forme de liberté intérieure qui transcende les limites du corps et de la raison, et qui révèle la part d'infini qu'il y a en l'homme. L'objet de la littérature moderne, c'est l'écart à la fois rédempteur et tragique entre la «petitesse» de l'homme et l'infini qu'il sent en lui: «Qu'est-ce que l'homme, ce demi-dieu si vanté, (...) toujours ramené à la morne et froide conscience de sa petitesse, alors qu'il espérait se perdre dans l'infini?» demande le héros du roman de Goethe, *Les souffrances du jeune Werther*, publié en 1774. Le libertinage gêne parce qu'il ne croit pas à l'infini, parce que ses personnages n'éprouvent pas le sentiment du sublime tel que l'a défini Emmanuel Kant dans *L'analytique du sublime de La critique de la faculté de juger*, ce sentiment qui révèle à l'homme qu'il existe en lui une dimension transcendant le sensible. Ce que revendiquent les romanciers libertins, c'est précisément la fausseté qu'il y aurait à prétendre ignorer le rôle déterminant que joue le plaisir des sens.

Prenons l'exemple d'un roman bien connu, *Les liaisons dangereuses*, reconnu comme un chef d'œuvre du libertinage peut-être justement parce qu'il s'achève par la défaite de ses héros et semble ainsi proclamer l'échec du libertinage comme système. Ce qui donne tant de force au roman de Laclos, c'est, on l'a souvent dit, l'amour de Valmont pour Mme de Tourvel, parce qu'il échappe à sa maîtrise et brise ainsi la tentative de contrôler les émotions et les sentiments qu'est le libertinage.[13] La mort de Valmont peut alors être considérée comme un suicide prouvant le triomphe de l'amour, comme sentiment «infini», sur ce sentiment limité et superficiel qu'est le plaisir; telle est l'interprétation de Stefen Frears dans son beau film *Dangerous Liaisons*, où il alterne les scènes du duel avec des flashbacks de scènes d'amour entre Valmont et Mme de Tourvel, donnant ainsi l'impression que Valmont se laisse délibérément tuer par amour et par désespoir.

La fin catastrophique des *Liaisons dangereuses* consacre peut-être l'échec de l'«idéal» hédoniste mais pas celle du libertinage, ou de l'hédonisme comme simple réalité: elle montre à quel point la nature humaine peut être superficielle. Si Valmont meurt à la fin des *Liaisons dangereuses*, ce n'est pas seulement par amour; c'est aussi, comme Madame de Merteuil le souligne à plaisir avec une ironie meurtrière, par pure bêtise, par vanité:

> Oui, Vicomte, vous aimiez beaucoup Mme de Tourvel, et même vous l'aimez encore; vous l'aimez comme un fou: mais parce que

---

[13] Colette Cazenobe crée ainsi la notion de «libertinage intentionnel», la seule forme de libertinage auquel elle s'intéresse dans son livre. Voir *Le système du libertinage*, éd. cit.

je m'amusais à vous en faire honte, vous l'avez bravement sacri-
fiée. (...) Où nous conduit la vanité! Le Sage a bien raison, quand
il dit qu'elle est l'ennemie du bonheur. (Lettre CXLV)

C'est par la vanité que Mme de Merteuil est parvenue à manipuler le
vicomte de Valmont jusqu'au bout et à lui faire sacrifier son amour: *Les
Liaisons dangereuses* révèlent que la vanité est un moteur psychologique aussi, voire plus puissant que l'amour. Crébillon fils l'a écrit longtemps avant Laclos, dans *Les égarements du cœur et de l'esprit*: «...j'ai
compris depuis (...) qu'il est bien plus important pour les femmes de
flatter notre vanité que de toucher notre cœur.»(113) Les romanciers
libertins donnent un rôle de premier ordre à cette dimension morale et
psychologique qu'ils nomment «vanité.»
    Qu'est-ce que la vanité? «1. Défaut d'une personne vaine, satisfaite
d'elle-même et étalant cette satisfaction.(...) 2. Caractère de ce qui est
frivole, insignifiant; chose futile, illusoire. *Les vanités de la vie mondaine.*»(*Petit Robert*) La définition au XVIIIe siècle n'est pas très différente, même si le mépris de la vie mondaine tire moins sa source d'une
idée romantique de l'intériorité du moi que de la notion d'une vérité
divine. «Il semble que l'homme soit devenu vain, depuis qu'il a perdu
les sources de sa véritable gloire, en perdant cet état de sainteté et de
bonheur où Dieu l'avait placé», écrit de Jaucourt dans l'article «Vanité»
de l'*Encyclopédie*. (tome XVII, 1765) Le mot *vanité* vient du terme
latin *vanitas, vanitatis*, lui-même formé à partir de l'adjectif *vanus*, qui
signifie «vide.» Les moralistes du XVIIe siècle, La Rochefoucaut, La
Bruyère, et Pascal, mettent l'accent sur la *vanité* de l'homme, précisément pour souligner la nullité humaine par rapport à la grandeur divine.
Tout usage de la notion de vanité, du XVIIe au XXe siècle, implique une
condamnation morale du sujet vain, de ce vide intérieur que son souci
des apparences implique. Les tableaux de *vanités* peints par les peintres
du XVIIe siècle représentent toutes sortes d'objets contribuant aux plaisirs sensuels que l'on peut goûter en ce monde, juxtaposés avec un objet symbolique comme un crâne, qui révèle l'absence de durée des plaisirs sensuels, et, par conséquent, leur absence de valeur au regard de la
vérité et de l'éternité de l'âme. L'emploi du mot *vanité* implique une
condamnation du frivole, du superficiel, et des plaisirs sensuels.
    On ne trouvera cette condamnation dans aucun des textes choisis
pour cet essai. Ils sont très divers: *Manon Lescaut* (1731) de l'abbé
Prévost est un roman d'amour; *Les égarements du cœur et de l'esprit*

(1736-38) de Crébillon fils, un roman mondain; *Thérèse philosophe* (1748), anonyme, un roman pornographique; *La religieuse* (1760) de Diderot, une satire sociale et religieuse; *Point de lendemain* (1777) de Vivant Denon, le récit d'une brève aventure. Chacun de ces textes constate sans la réprouver la dimension superficielle et mondaine de l'homme et va même plus loin: chacun révèle à sa manière que la dimension superficielle peut être plus forte, et donc plus vraie, que ce qu'on appelle la vérité, amour de Dieu, amour de la raison, ou amour unique d'une femme. Ils reconnaissent la vérité que contient la vanité. Ils mettent en valeur l'irrésistible puissance du *moment* et tournent en dérision toute méconnaissance du pouvoir exercé par le *moment*: ils montrent que l'âme est d'abord une histoire de peau.

I
1731
MANON, OU LE PLAISIR

Avant de rencontrer Manon, le héros du roman de Prévost, le chevalier des Grieux, menait «une vie sage et réglée»: «J'avais dix-sept ans, et j'achevais mes études de philosophie à Amiens, où mes parents, qui sont d'une des meilleures maisons de P., m'avaient envoyé. Je menais une vie si sage et si réglée que mes maîtres me proposaient pour l'exemple du collège»(17).[1] Après la mort de Manon, des Grieux veut retourner en France pour y reprendre «une vie sage et réglée»: «j'étais résolu de retourner dans ma patrie pour y réparer, par une vie sage et réglée, le scandale de ma conduite»(202). La boucle est bouclée. Manon qui a perturbé cette «vie sage et réglée» n'était qu'un «égarement.»[2]

Manon Lescaut est un roman d'amour. L'amour, en soi, n'est pas contradictoire avec «une vie sage et réglée.» Le père du chevalier, comprenant qu'il n'a pas la vocation du célibat, se propose généreusement à lui trouver une femme. Cette femme ne peut pas être Manon, moins en raison de son rang social très inférieur à celui du chevalier, qu'à cause de son irrépressible «penchant au plaisir»: «C'était malgré elle qu'on l'envoyait au couvent, pour arrêter sans doute son penchant au plaisir, qui s'était déjà déclaré et qui a causé, dans la suite, tous ses malheurs et les miens»(20). Dans tous ses commentaires sur sa passion

---

[1] Abbé Prévost, *Manon Lescaut*. Edition de Frédéric Deloffre et Raymond Picard. Paris: Garnier, 1965. Nouvelle édition en 1990.

[2] Sur la vie elle-même agitée, égarée et labyrinthique de l'abbé Prévost, tour à tour aventurier et moine, romancier et théologien, voir Henry Harrisse, *L'Abbé Prévost, Histoire de sa vie et de ses œuvres d'après des documents nouveaux*. Paris: Calmann-Lévy, 1896 et *La Vie monastique de l'abbé Prévost*. Paris: Leclerc, 1903; Frédéric Deloffre et Raymond Picard, «Genèse de *Manon Lescaut*», p. III-XCIV, dans *Manon Lescaut*. Paris: Garnier, 1965; Jean Sgard, *Prévost romancier*. Paris: Corti, 1968/89, et *L'abbé Prévost: Labyrinthes de la mémoire*. Paris: PUF, 1986.

malheureuse, des Grieux ne cesse de mettre en cause l'inconstance de Manon et son goût du plaisir.

L'homme de qualité, le vieil aristocrate à qui des Grieux raconte son histoire et qui la retranscrit fidèlement pour nous la donner à lire, rencontre des Grieux et Manon dans la petite ville de Pacy au début du roman. Il décrit Manon enchaînée par le corps à une douzaine de filles de joie. Telle est l'image qui domine le texte et influence ensuite la lecture: celle de la femme de plaisir avilie dont l'air noble devient le signe d'une évidente duplicité féminine et non d'une erreur tragique du destin.[3] En des Grieux, par contre, l'homme de qualité a reconnu «au premier coup d'œil, un homme qui a de la naissance et de l'éducation.» Entre des Grieux et le destinataire de son récit, il existe une solidarité de classe qui leur permet de condamner moralement le personnage de Manon et le «plaisir» qu'elle incarne au nom de valeurs nobles comme le respect de l'ordre paternel, l'honneur, la générosité, la noblesse du sentiment, la fidélité. Manon menace cet ordre: il faut la condamner, il faut *l'encadrer* pour limiter le danger qu'elle représente.[4] Tel serait donc le but du cadre narratif: étouffer la voix de Manon pour assurer la stabilité de l'ordre social.[5]

Manon déjà morte est présentée au lecteur au début du roman comme une femme dont le «penchant au plaisir» a causé tous les malheurs de son amant. A la fin du roman, on découvre que Manon est morte non en pécheresse, mais en sainte et amante repentie. Etrangement, il n'existe au début du récit aucun indice de cette rédemption à venir. Des Grieux incrimine le penchant au plaisir de Manon comme la cause de tous ses malheurs, quand la mort de Manon, le «plus funeste événement qui fût jamais», est le malheur ultime qui contraint le narrateur à traîner dorénavant «une vie languissante et misérable.» De cette

---

[3]   Voir Jean Sgard, «Manon et les filles de joie», dans *Vingt études sur Prévost d'Exiles*. Grenoble: Ellug, 1995, p. 139-150.

[4]   Sur l'adresse d'un homme à un autre et le rôle que joue l'homme de qualité dans *Manon Lescaut*, Voir Jacques Proust, «Le Corps de Manon», *Littérature*, 4, 1971, 5-21; et Nancy K. Miller, «1735: The Gender of the Memoir-Novel», in *French Dressing. Women, Men and Ancien Regime Fiction*. New York: Routledge, 1995, p. 86.

[5]   De nombreux critiques mettent en valeur cette absence ou présence escamotée de Manon à l'intérieur du roman. Voir Jacques Proust, art. cit.; Bernadette Fort, «Manon's Suppressed Voice: the Uses of Reported Speech», *Romanic Review*, 76, 1985, 172-191; Naomi Segal, *The Unintended Reader: Feminism and Manon Lescaut*. Cambridge: Cambridge University Press, 1986; René Démoris, *Le silence de Manon*. Paris: PUF, 1995.

mort, ce n'est pas le penchant au plaisir de Manon qui est responsable, mais, au contraire, sa vertu nouvelle, qui conduit les amants à vouloir ennoblir leur amour «par des serments que la religion autorise» (190).

Il peut sembler étrange d'accuser un roman d'incohérence: pourtant il existe une contradiction entre la mort de Manon en amante fidèle et incomparable, et sa présentation au début du récit comme une incorrigible et diabolique femme de plaisir. Qui est Manon? Pourquoi le récit impose-t-il par le regard de ses deux narrateurs masculins l'image de la femme frivole et infidèle, quand la fidélité de Manon juste avant sa mort a rendu des Grieux sublimement heureux? Par cette double condamnation d'emblée portée sur lui, il est évident que le plaisir est l'objet, le cœur, l'enjeu du roman: objet de deuil, parce qu'objet de désir.

1. Le plaisir de Manon

Manon trahit des Grieux pour M. de B. quand il ne pourrait absolument pas s'y attendre, à Paris, alors qu'ils se sont enfuis d'Amiens ensemble et qu'ils sont tendrement amoureux l'un de l'autre. Elle revient à lui quand il s'y attend le moins, alors qu'il a renoncé à elle et rentre au séminaire pour se consacrer à la religion. Quand il la retrouve chez M. de G...M... et ne peut «réprimer le murmure de (son) cœur en la revoyant», c'est ce moment que Manon choisit pour exprimer sa joie de revoir l'amant qu'elle vient de trahir. Alors que, sur les rapports d'un valet, il anticipe sa trahison avec le Prince italien, elle le surprend par une soudaine déclaration d'amour qu'elle lui adresse en présence même du Prince italien. Enfin, quand elle le trahit avec le jeune G...M... et que des Grieux, en la retrouvant, l'accable de reproches, Manon s'étonne de sa brusquerie et le reçoit avec la plus grande tendresse.

On l'a souvent dit, Manon incarne la contradiction.[6] Elle est à la fois d'une douceur angélique et d'une cruauté diabolique. Elle aime des

---

[6]   Voir Nancy K. Miller, «Love for a Harlot: *Manon Lescaut*», dans *The Heroine's Text: Readings in the French and English Novel. 1722-1782.* New York: Columbia University Press, 1980, p. 69-82; Alan Singerman, *L'abbé Prévost. L'amour et la morale.* Genève: Droz, 1987. Thomas Kavanagh, «Chance, Reading and The Tragedy of Experience: Prévost's *Manon Lescaut*», dans *Enlightenment and the Shadow of Chance*, Baltimore: The Johns Hopkins University Press, 1993; Jean Sgard. *op. cit.*, p. 89 sq.

Grieux et le quitte pour des hommes qu'elle n'aime pas. Elle est à la fois tendre et cruelle, à la fois volage et fidèle, à la fois amoureuse et traître. Quand des Grieux cherche à comprendre cette contradiction, il ne trouve qu'un mot: plaisir. «Manon était passionnée pour le plaisir; je l'étais pour elle» (50). Des Grieux essaie de rationaliser le comportement contradictoire de Manon, tout en qualifiant son caractère «d'extraordinaire» afin d'exprimer son étonnement extrême: «Manon était une créature d'un caractère extraordinaire. (...) C'était une chose si nécessaire pour elle, d'être ainsi occupée par le plaisir, qu'il n'y avait pas le moindre fond à faire, sans cela, sur son humeur et sur ses inclinations» (61).

Des Grieux nomme à plusieurs reprises dans le texte Manon une «étrange fille»(121, 140), une fille «admirable» ou «une créature extraordinaire.» Ces adjectifs expriment tous son extrême étonnement devant un phénomène qu'il ne parvient pas à comprendre. «Admirable» n'a pas une connotation positive: il indique seulement que Manon suscite la surprise. «Etrange» a un sens plus fort qu'aujourd'hui: il ne signifie pas seulement bizarre mais aussi étranger, d'une différence radicale. Quelle est cette différence? La notion de plaisir n'est pas absente de l'éthique aristocratique, puisque c'est à la cour que s'est développé au XVIe et surtout au XVIIe siècle l'art de plaire pratiqué par les courtisans.[7] Mais l'art de plaire est un art du rapport à l'autre, un art codifié qui vise à agrémenter la vie en société dans les limites de la bienséance sociale et morale, et qui, par conséquent, interdit certaines actions et certains mots de mauvais goût. Le *goût* s'apprend par la fréquentation du monde: seul le *monde*, c'est à dire la société aristocratique, enseigne l'art de plaire, en polissant et en raffinant ce qu'il y a de trop brut, grossier et naturel chez l'individu. Manon n'appartient pas au *monde*, et Prévost a soin de souligner dans l'édition de 1753 qu'elle est de «naissance commune.» Ce qui semble «extraordinaire» à des Grieux, qui par sa naissance appartient à un monde dont il doit suivre les règles, c'est l'idée d'un être dont les actions sont motivées purement par la sensation momentanée et le principe individuel de plaisir.

---

[7]	Sur l'art de plaire au XVIIe siècle, voir Jean-Pierre Dens, *L'Honnête homme et la critique du goût. Esthétique et Société au XVIIe siècle.* Lexington, Kentucky: French Forum Publishers, 1981; Maurice Magendie, *La Politesse mondaine et les théories de l'honnêteté en France au XVIIe siècle, de 1600 à 1660.* Genève: Slatkine Reprints, 1970 (première édition: Paris, 1925).

Le caractère impulsif de Manon peut donner lieu à l'expression presque simultanée de deux sentiments incompatibles pour des Grieux et tout lecteur doué d'un sens de valeurs morales. Un instant elle exprime la force de son amour pour des Grieux par des signes qui ne trompent pas: «Elle me répéta, en pleurant à chaudes larmes, qu'elle ne prétendait point justifier sa perfidie. Que prétendez-vous donc? m'écriai-je encore. Je prétends mourir, répondit-elle, si vous ne me rendez votre cœur, sans lequel il est impossible que je vive»(45). L'instant d'après, elle justifie sa perfidie par sa vénalité: «il l'avait éblouie par de si magnifiques promesses qu'elle s'était laissée ébranler par degrés»(46). Manon passe du registre tragique à la farce vulgaire sans solution de continuité: pour elle, entre le sentiment sublime et le plaisir vénal il n'existe pas de contradiction.[8] La contradiction n'existe que dans le code de valeurs mis en place par des Grieux. Manon est, pour des Grieux, «la plus volage et la plus perfide de toutes les créatures»(36). «Inconstante», «perfide», infidèle», «parjure», «volage», tels sont les adjectifs par lesquels des Grieux tente de définir un sentiment dont le propre est de ne pas se laisser cerner, celui de plaisir; ils signifient tous le manquement à la parole donnée, la rupture des serments, le manque de stabilité, le changement, le mouvement. Ce qui semble extraordinaire à des Grieux, c'est l'idée d'un être sur qui on ne peut pas «faire fond», sur qui on ne peut pas compter. Entre sa passion pour Manon et la passion de Manon pour le plaisir, il n'y a pas d'équivalence possible. «Il est sûr que, du naturel tendre et constant dont je suis, j'étais heureux pour la vie, si Manon m'eût été fidèle.»(25) Ce qui décide du sort de des Grieux, ce n'est pas sa passion pour Manon mais la passion de Manon pour un objet sans fond, sans identité, sans essence, qu'il nomme «plaisir.»

Le plaisir de Manon n'est possible que si certaines conditions matérielles l'autorisent; il ne peut se passer d'argent. On a souvent remarqué que *Manon Lescaut* est l'un des premiers romans de la littérature française à donner un rôle important à l'argent dans le détail même de l'intrigue. Ce réalisme pragmatique, c'est celui du plaisir. Des Grieux ne cesse d'énumérer les sommes dont il aura besoin pour retenir Manon ou pour prendre le fiacre qui lui permettra de la retrouver. Et quand il rapporte les paroles de Manon au style direct, c'est pour lui faire énon-

---

[8]   René Démoris parle d'une «totale disjonction» entre le sentiment et l'acte sexuel. Voir René Démoris, *op. cit.*, p. 94.

cer des chiffres précis: «J'emporterai, comme de justice, les bijoux et
près de soixante mille francs que j'ai tirés de lui depuis deux ans»(48),
dit-elle au moment de quitter M. de B. pour des Grieux. «Il est vrai
qu'il m'a baisé plus d'un million de fois les mains; il est juste qu'il paye
ce plaisir, et ce ne sera point trop que cinq ou six mille francs, en pro-
portionnant le prix à ses richesses et à son âge»(75), déclare-t-elle en
renonçant pour des Grieux à M. de G...M... père. «J'ai fait réflexion
que ce serait dommage de nous priver tout d'un coup de tant de biens,
en me contentant d'emporter les dix mille francs et les bijoux, et que
c'était une fortune toute faite pour vous et pour moi, et que nous pour-
rions vivre agréablement aux dépens de G... M...» (145), dit-elle pour
justifier son infidélité avec G...M... fils. Elle calcule et proportionne en
suivant une logique qui demeure inconcevable dans un code de valeurs
aristocratique où l'honneur et la foi sont des principes non monnaya-
bles.

La lettre que Manon laisse à des Grieux après sa deuxième trahison
traduit ce qu'il nomme sa «grossièreté de sentiments»:

> Je te jure, mon cher Chevalier, que tu es l'idole de mon cœur, et
> qu'il n'y a que toi au monde que je puisse aimer de la façon dont
> je t'aime; mais ne vois-tu pas, ma pauvre chère âme, que, dans
> l'état où nous sommes, c'est une sotte vertu que la fidélité? Crois-
> tu qu'on puisse être bien tendre lorsqu'on manque de pain? (...)
> Je t'adore, compte là-dessus; mais laisse-moi, pour quelque
> temps, le ménagement de notre fortune. Malheur à qui va tomber
> dans mes filets! (69)

Manon juxtapose les déclarations d'amour et les images concrètes
d'escroquerie; elle donne à l'amour une limite matérielle. Si Manon
reste pour des Grieux une «créature d'un caractère extraordinaire» et
s'il ne peut parvenir à comprendre et rationaliser la contradiction de ses
actes, c'est précisément parce que Manon ignore la contradiction. Pour
Manon, le plaisir monnayable est compatible avec le vrai amour, et la
fidélité de cœur avec l'infidélité de corps: «La fidélité que je souhaite
de vous est celle du cœur»(147).

Amante passionnée ou volage, tendre ou perfide, fidèle ou traître?
La contradiction de ces termes n'a de sens que dans le système de valeurs de des Grieux, qui est aussi celui du roman, puisque le cadre narratif est mis en place par des Grieux et l'homme de qualité. D'où la
difficulté à cerner un personnage qui échappe à la binarité des termes

fondant les jugements de valeur. C'est là que le roman de Prévost se distingue de toute la littérature amoureuse, du roman courtois au roman héroïque et picaresque de la fin du XVIIe siècle. Il y a, dans le roman *Manon Lescaut* et le personnage de Manon, quelque chose de radicalement nouveau, quelque chose d'»étrange», d'hétérogène, qui perturbe le système de valeurs morales et oblige à penser autrement.

Il suffit de comparer Manon avec l'héroïne dont on a souvent dit qu'elle lui a servi de modèle, la Silvie de l'«Histoire de Silvie et des Frans» dans *Les illustres Françaises* de Robert Challe, un roman paru dix-huit ans plus tôt, en 1713. Silvie trahit Des Frans qu'elle aime avec un autre homme. Des Frans, narrateur du récit, se présente sans cesse comme la victime de Silvie et place comme des Grieux son récit sous le signe de la catastrophe. Il confronte Silvie à sa trahison, il cherche à la punir et ne peut cesser de l'aimer. L'amour de Silvie pour des Frans, qui persiste en dépit de son infidélité, inspire au narrateur ce commentaire: «Plus je me représente cette démarche, et plus je m'en souviens, plus je me dis à moi-même que les femmes sont incompréhensibles.»[9] Dans *Manon Lescaut*, l'homme de qualité exprime un étonnement similaire après avoir rencontré des Grieux et Manon sur le chemin de l'Amérique: «Je ne pus m'empêcher de faire, en sortant, mille réflexions sur le caractère incompréhensible des femmes»(15).

Mais Silvie, contrairement à Manon, est la première à s'étonner de sa trahison et même à approuver les tortures physiques que des Frans lui inflige pour la punir. Silvie a l'âme noble. Sa propre trahison lui demeure incompréhensible et lui paraît horrible; pour l'expliquer, elle ne peut que l'imputer à une «puissance surnaturelle»:

> Il me semble que l'aveuglement où je me suis précipitée est un rêve. Plus je m'examine, et plus j'examine aussi les sentiments que j'ai toujours eu pour vous, et moins je puis comprendre ma chute. Je n'en accuse point ma fatalité; je n'en accuse point le charme de mes sens, j'y ai été forcée par quelque puissance surnaturelle.[10]

Le récit ne porte pas atteinte au système de valeurs morales qui condamne l'infidélité de Sylvie, puisque Silvie est la première à l'accepter

---

[9]   Robert Chasles, «Histoire de Monsieur Des Frans et de Silvie,» *Les illustres Françaises*. Paris: Les Belles-Lettres, 1959, II, p. 354.
[10] Robert Chasles, *op. cit.*, p. 393.

et invoque une cause surnaturelle pour rendre compte de son infidélité. *Manon Lescaut* ne fait appel à aucune puissance surnaturelle. A la différence de Silvie, Manon reste étrangère au système de valeurs morales qui cadre le récit.

Manon est également la seule héroïne qui ne rentre pas dans le système de valeurs sur lequel repose toute l'œuvre romanesque de Prévost. Les histoires d'amour dans les *Mémoires d'un homme de qualité, Cléveland, Le doyen de Killerine* et *Histoire d'une Grecque moderne* sont toutes conçues sur le même modèle, un modèle aristocratique où des sentiments hauts – la générosité, le sacrifice de soi, l'abnégation, le respect du sang – luttent contre des sentiments bas – la jalousie, la passion charnelle, le désir de possession – pour finir par l'emporter. Si la plupart des héroïnes de Prévost sont des étrangères qui appartiennent à d'autres cultures ou d'autres religions et, pour cette raison, des objets interdits de désir, leur rang social n'est en général pas inférieur à celui de leur amant, et se manifeste à travers leur noblesse d'âme: Sélima (turque), Diana (espagnole), Nadine (turco-française), Fanny (anglaise), Théophé (grecque), sont toutes des héroïnes à l'âme noble. Par ces mots peut-être aujourd'hui désuets, *âme noble*, il faut comprendre la constance du sentiment, la capacité à aimer, à souffrir, à se sacrifier, et à sublimer l'amour en transformant le désir charnel en une énergie spirituelle. Comme les romans de Prévost sont toujours écrits du point de vue du narrateur masculin, la noblesse d'âme des femmes est moins au cœur du récit que le déchirement du héros entre sa passion pour une femme qui mérite son amour et le devoir moral ou social qui contredit cette passion. Prévost ne cesse de s'interroger sur cette folie qu'est l'amour, mais cette folie connaît une limite morale: en effet, elle n'est possible, elle n'est digne d'être racontée, que dans la mesure où son objet la justifie.[11] Sans la beauté morale et spirituelle de l'objet aimé, la beauté de l'amour, la beauté du déchirement, la beauté du sacrifice, la beauté du deuil, et donc la beauté du récit seraient compromises. Si Sélima n'était pas noble et entièrement digne de l'amour de l'homme de qualité, *Mémoires d'un homme de qualité qui s'est retiré du monde* ne serait pas concevable: pour que le titre même désigne le désir passionné de l'homme de qualité de se retirer du monde après la mort de la femme aimée, il faut que l'objet du deuil justifie le deuil et la retraite.

---

[11] Sur la valeur morale de l'amour dans l'œuvre de Prévost, voir Alan Singerman, *L'abbé Prévost. L'amour et la morale*. Genève: Droz, 1987.

Même les plus petites et les plus «étranges» anecdotes racontées par Prévost ne font pas exception au modèle. La dernière histoire rapportée par l'homme de qualité à la fin du volume VI des *Mémoires*, juste avant le tome VII qui raconte l'histoire de des Grieux, commence exactement comme celle de des Grieux et de Manon: un chevalier tombe amoureux d'une jeune fille, Rosette, et souhaite l'épouser, mais se heurte à l'interdiction de son père, parce que la femme est pauvre; non seulement le chevalier suit les ordres de son père et épouse une autre femme, mais Rosette, qui est noble à la différence de Manon, lui reste fidèle et l'attend encore quand la première femme du chevalier meurt et qu'il peut enfin épouser celle qu'il n'a pas cessé d'aimer. L'honneur est sauf, l'amour aussi. Il en va de même pour le personnage féminin le plus monstrueux et le plus original des *Mémoires d'un homme de qualité*, une meurtrière en série que l'homme de qualité rencontre dans une forêt et dont il aurait pu devenir la victime. Elle raconte son histoire à l'homme de qualité après qu'il a découvert le piège par chance et l'a désarmée: bien née et trompée par un premier amant qui lui a fait des promesses et l'a abandonnée, puis par tous les hommes qu'elle a rencontrés ensuite, elle a décidé d'assassiner le plus d'hommes possibles pour se venger du sexe masculin: «Ce fut alors que je souhaitai que tous les hommes ensemble n'eussent qu'une vie, et que j'eusse le pouvoir de la leur arracher avec mes dents et mes ongles»(VI, 245). La constance et la légitimité de ce sentiment permettent de le concevoir comme un sentiment noble malgré sa violence; et la meurtrière se soumet finalement à la sagesse de l'homme de qualité qui la convainc de se rendre à la police.

Manon est donc la seule héroïne de Prévost et sans doute une des premières héroïnes de la littérature romanesque à ne pas rentrer dans un code de valeurs héroïque ou courtois. Lors de sa publication en 1731, le roman s'intitulait *Les aventures du chevalier des Grieux et de Manon Lescaut* et n'était que le septième volume des *Mémoires d'un homme de qualité*, publié en même temps que le cinquième et le sixième. Le seul aujourd'hui lu comme un classique est le petit volume ajouté parce que Prévost avait sans doute besoin d'argent, et qui porte maintenant pour titre le nom de l'héroïne dont la préface de Prévost ne fait même pas mention. Après avoir introduit le récit de des Grieux, l'homme de qualité s'abstient de reprendre la parole à la fin. Les *Mémoires d'un homme de qualité* s'achèvent ainsi sans conclusion de leur narrateur. *Manon Lescaut* rompt l'unité narrative des *Mémoires d'un homme de qualité qui s'est retiré du monde* comme Manon brise l'unité morale du code de valeurs aristocratiques.

Avec Manon, on sort de l'éthique aristocratique. Le père du chevalier des Grieux a beau faire honte à son fils de son amour pour un objet vil et le ridiculiser en calculant la durée de l'amour de Manon, quelque chose résiste au sens du ridicule, ce garant de l'honneur aristocratique:

> Je sais que tu partis d'Amiens le 28 de l'autre mois; nous sommes au 29 du présent; il y en a onze que Monsieur B... m'a écrit; je suppose qu'il lui en a fallu huit pour lier une parfaite connaissance avec ta maîtresse; ainsi, qui ôte onze et huit de trente-un jours qu'il y a depuis le 28 d'un mois jusqu'au 29 de l'autre, reste douze, un peu plus un peu moins. Là-dessus, les éclats de rire recommencèrent.(34)

Ce calcul du père a pour but de salir Manon aux yeux du chevalier en révèlant sa bassesse et sa vénalité, et il anticipe ceux auxquels on entendra ensuite Manon se livrer au cours des épisodes qui suivent. L'idée même de calcul, toujours connotée négativement aujourd'hui dans l'expression *des comptes d'épicier*, est supposée dévaluer l'amour des amants, en lui enlevant sa dimension romantique et spirituelle, cette dimension qui précisément n'est pas calculable, car elle échappe à l'ordre de la géométrie. Mais en dépit des calculs, en dépit du rire du père, la passion de des Grieux pour Manon passionnée pour le plaisir résiste. Faut-il appeler abject l'amour de des Grieux pour Manon, amour sans noblesse pour un objet non noble? Faut-il appeler abjecte la passion de Manon pour le plaisir et l'argent qui permet de le procurer?

Avec la notion d'abject, on quitterait la littérature courtoise et héroïque pour entrer dans un autre littérature, celle du XIXᵉ siècle. La notion d'abject ne s'applique pas à *Manon Lescaut*. La différence de Manon par rapport aux autres héroïnes de la littérature amoureuse, c'est son irréductible penchant au plaisir. Mais ce penchant au plaisir ne signifie pas simplement la vénalité, le goût des bijoux, des toilettes, des carosses, des spectacles et des belles demeures, tout ce que pour quoi se vend la courtisane du XIXᵉ siècle, afin de corrompre par le pouvoir de sa sexualité l'ordre moral bourgeois. Manon n'est pas Nana, elle n'est pas une cocotte dont le corps incarne la puissance diabolique de la chair et du mal. Le plaisir que revendique Manon n'a pas cette dimension immorale, qui le ferait rentrer, à nouveau, dans un système de valeurs morales dont il représenterait la corruption. Le plaisir de Manon est autre. Ce n'est rien d'autre que le plaisir du jeu, l'envie de s'amuser, le désir de ne pas s'ennuyer. Des Grieux reconnaît que Manon n'attache pas de valeur aux choses en elles-mêmes:

> Jamais fille n'eut moins d'attachement qu'elle pour l'argent, mais elle ne pouvait être tranquille un moment, avec la crainte d'en manquer. C'était du plaisir et des passe-temps qu'il lui fallait. Elle n'eût jamais voulu toucher un sou, si l'on pouvait se divertir sans qu'il en coûte. Elle ne s'informait pas même quel était le fonds de nos richesses, pourvu qu'elle pût passer agréablement la journée, de sorte que, n'étant ni excessivement livrée au jeu, ni capable d'être éblouie par le faste des grandes dépenses, rien n'était plus facile de la satisfaire, en lui faisant naître tous les jours des amusements de son goût. (61)

Le plaisir de Manon est un plaisir qui s'accommode de ressources matérielles mais qui ne se limite pas à elles. Le plaisir de Manon ne s'achète pas: il est avant tout un sentiment, le seul sentiment qui lui appartienne en propre, le seul bien qu'elle possède, sur lequel aucun personnage du roman ne peut exercer de contrainte. Ce plaisir se nourrit d'occasions de rire. C'est le plaisir du jeu, et il faut donner au mot jeu tous ses sens, à la fois l'amusement, le passe-temps, la plaisanterie, et le rôle, la comédie qu'on joue, la théâtralité.

Ce goût pour la mise en scène se manifeste en trois occasions importantes.[12] Manon entraîne des Grieux dans la maison de son second amant, M. de G...M... père, et les amants se donnent «le plaisir d'une scène agréable» en faisant passer des Grieux pour le petit frère écolier de Manon, une scène qui amuse tant Manon qu'elle est «sur le point, plusieurs fois, de gâter tout par ses éclats de rire»(77). Plus loin dans le roman, Manon monte une petite comédie en attirant chez eux un amant potentiel, le Prince italien, seulement pour se moquer de lui dans un coup de théâtre parfaitement préparé, qui lui plaît tant qu'elle fait «retentir la chambre de longs éclats de rire»(124). Enfin, dans la maison du jeune G...M... où des Grieux la retrouve pour l'accabler de reproches, elle parvient à convaincre des Grieux de rester avec elle, de manger avec le couvert de G...M... et et de coucher dans ses draps, parce que cette idée la ravit et qu'elle ne trouve «rien de si joli que ce projet»(149).

---

[12] Voir Jean Sgard, *op. cit.*, p. 92.

La scène de comédie chez le vieux G...M... et le tour joué au jeune G...M... sont essentiels à l'intrigue du roman: ils provoquent chaque fois la fureur du personnage trompé et le drame qui s'ensuit, l'arrestation des amants. L'épisode avec le Prince italien, par contre, que Prévost a ajouté dans la version de 1753, n'a aucune incidence sur les événements du roman. S'agit-il seulement, comme certains critiques l'ont suggéré, d'ajouter à l'intrigue tragique un élément de comédie pour détendre le lecteur ou d'élever le caractère de Manon en montrant par cet incident qu'elle est capable de fidélité? Ce qui se joue à travers cet épisode est beaucoup plus important; il révèle que le «penchant au plaisir» de Manon est parfaitement gratuit, un penchant pour le jeu théâtral qui provoque le rire, pour le plaisir de la comédie qu'elle met en scène, et pas seulement pour des biens matériels. C'est un plaisir d'actrice, de dramaturge et d'auteur. Manon manipule les deux hommes de la scène comme des marionnettes, des Grieux en le tenant par les cheveux comme une poupée, le Prince italien en lui présentant le miroir et en lui demandant s'il croit vraiment pouvoir rivaliser avec le joli garçon à qui elle a donné son cœur. Son plaisir est un plaisir d'imagination: «...ayant conçu que nous en pouvions tirer de l'amusement, elle n'avait pu résister à son imagination»(124). L'imagination est une faculté intermédiaire entre le corps sensible et l'entendement, qui procure un plaisir à la fois physique et mental. Le rire de Manon pervertit la division dichotomique du haut et du bas sur laquelle repose l'éthique aristocratique. C'est un plaisir qui se soustrait à la réprobation morale, un plaisir égalitaire qui ne se soucie pas des distinctions sociales. Des Grieux a beau être embarrassé de voir «un homme de considération» ainsi outragé en sa présence, ses reproches n'ont pas le pouvoir de diminuer le plaisir de Manon, enchantée de la réussite de sa mise en scène. Même si des Grieux choisit d'interpréter cette scène comme un triomphe de l'amour, il y a dans le rire de Manon une duplicité ludique qui se joue de l'authenticité des grands sentiments.

Manon incarne le sentiment de plaisir tel qu'il est redéfini par les philosophes au cours du XVIIIᵉ siècle. L'article de l'*Encyclopédie* définit le plaisir par analogie avec le mouvement, par lequel la nature conduit la matière. Le plaisir devient ainsi le principe même de la vie humaine. Une telle définition n'a rien à voir avec celle que l'on trouvait dans le dictionnaire de Furetière à la fin du XVIIᵉ siècle et qui distinguait entre les bons et les mauvais plaisirs, entre les «solides plaisirs»

des «gens spirituels» et les «plaisirs de la chair», «sales et brutaux.» Au
XVIIIᵉ siècle, il n'y a pas plusieurs sortes de plaisir mais un seul «sentiment» de plaisir, qui s'impose par sa simple sensation, indépendamment de toute légitimation morale.

Il n'est pas étonnant que ce soit une femme, Manon, qui incarne ce
plaisir. Car il y a dans le sentiment de plaisir quelque chose qui va à
l'encontre de la rigidité d'un système moral préservé par les hommes.
Le plaisir d'imagination goûté par Manon est féminisant, voire même
castrant.[13] Manon joue avec des Grieux comme s'il était une poupée,
elle le coiffe et le manipule, l'oblige à une docilité parfaite. La passion
de des Grieux pour Manon passionnée pour le plaisir le féminise,
comme le révèle symboliquement cette autre scène où, pour aider Manon à s'évader de l'Hôpital, il se voit contraint à lui abandonner sa
culotte: «Cependant je pris mon parti, qui fut de sortir moi-même sans
culotte»(106).

Le plus grand danger de ce «penchant au plaisir» incarné par Manon,
c'est qu'il se communique. Si la plaisanterie dont le Prince italien est
victime paraît excessive à des Grieux, il participe avec plaisir aux deux
autres, jouant son rôle d'écolier niais chez M. de G...M... avec le ta-
lent d'un comédien confirmé, et passant avec Manon, dans la maison du
jeune G...M..., «une des plus charmantes soirées de (sa) vie.»

A cause de son amour pour Manon, des Grieux ne cesse de tran-
gresser le code social et moral qui lui a été inculqué par son éducation.
On pourrait en conclure que le sujet du roman, c'est précisément le
pouvoir de Manon sur le narrateur, un pouvoir subversif qui arrache le
héros à sa caste sociale et qui menace l'ordre social et moral. Le roman
décrirait un conflit entre le code social hérité du père et l'amour-passion
qui transgresse le code. Etape par étape, on voit des Grieux s'éloigner
de plus en plus des règles sociales et morales que lui a inculquées son
éducation, renoncer à sa «vie sage et réglée» pour transgresser l'éthique
aristocratique, et ressembler de plus en plus à Manon. Il commence par
mentir à Tiberge afin de suivre son penchant pour Manon et de s'enfuir
à Paris avec elle; puis il s'enfuit du couvent de Saint-Sulpice pour suivre Manon; il joue son rôle dans les scènes destinées à tromper les
amants que Manon veut faire «tomber dans ses filets.» Pour soutirer à
son ami Tiberge l'argent dont il a besoin, il n'hésite pas à tromper Ti-

---

[13] Sur le pouvoir castrateur de Manon, voir René Démoris, *Le silence de Manon, éd.
cit.*, p. 77 sq.

berge exactement comme Manon le trompe; la trahison est d'autant plus grave que des Grieux, à la différence de Manon, connaît le code de l'honneur par son éducation. Pour garder Manon en lui procurant les biens matériels nécessaires à son plaisir, il devient joueur professionnel à l'hôtel de Transylvanie, il triche, il devient un escroc. Afin de regagner au plus vite la liberté qui lui permettra de retrouver Manon et de la sauver de l'Hôpital, il trompe le père supérieur de la prison de Saint-Lazare, un homme qui le traite comme un fils; il lui met un pistolet sous la gorge, et n'hésite pas à tuer un gardien. Coupable de meurtre, il n'exprime pas un regret et rejette la responsabilité sur Lescaut et sur le fait que le pistolet était chargé. Comme Manon, des Grieux séduit les hommes dont il cherche à obtenir des faveurs; comme Manon, il compte l'argent avec précision; comme Manon, il trahit ceux qui lui font confiance; comme Manon, il ne suit que son intérêt; comme Manon, il transgresse le code de valeurs morales.

Des Grieux a beau se rapprocher de Manon par ses actes et se transformer en «escroc», il ne devient pas semblable à elle. Il continue à incriminer le «penchant au plaisir» de Manon comme l'unique cause de tous ses malheurs. Il se permet même d'invoquer avec nostalgie les lieux mythiques de son innocence perdue: «Je jetai les yeux, en soupirant, vers Amiens, vers la maison de mon père, vers Saint-Sulpice et vers tous les lieux où j'avais vécu dans l'innocence. Par quel immense espace n'étais-je pas séparé de cet heureux état!»(72) Ce ton plaintif du narrateur irrite parfois les jeunes lecteurs des générations modernes, qui accusent des Grieux de «mauvaise foi.» C'est un fait: des Grieux a beau commettre les mêmes transgressions que Manon, sa différence se fait sentir: il reste noble. De quelle noblesse s'agit-il, puisque ses actes ne cessent de contredire ce qu'il doit à son rang, à l'honneur de son nom? C'est une noblesse de sentiment. Alors même que des Grieux fait pour Manon tout ce qu'il accuse Manon de faire pour le plaisir, il garde, par son récit et son amour pour Manon, le privilège de son âme noble.

2. Le sentiment sublime du chevalier des Grieux

La valeur noble du récit, ce n'est pas le contrôle aristocratique de la passion au nom de la générosité et de la raison, c'est la passion elle-même, c'est l'amour de des Grieux pour Manon. Le conflit du roman est entre Manon et des Grieux. Il est entre amour et plaisir.

Son amour pour Manon, des Grieux la nomme d'un mot: «transport». «Je me trouvai enflammé tout d'un coup jusqu'au *transport*»(19), dit-il la première fois qu'il la voit. Au XVIIIᵉ siècle, le *transport* est un cliché que l'on retrouve dans les romans pour désigner l'amour coup-de-foudre. Mais il n'y a pas de roman aussi court où l'on voit revenir si souvent ce mot. Sentiment extrême et impulsif qui annihile tout pouvoir de la raison, le «transport» exprime aussi bien la joie: «J'étais dans une espèce de *transport* qui m'ôta pour quelque temps la liberté de la voix»(21), que la fureur: «Quand j'aurais eu une prison éternelle, ou la mort même présente à mes yeux, je n'aurais pas été le maître de mon *transport* à cette affreuse nouvelle. Je me jetai sur lui avec une si furieuse rage...»(85) Le «transport» peut paralyser des Grieux ou au contraire décupler sa force physique, comme lorsqu'il se jette sur le vieux G...M... pour l'étrangler après avoir appris de lui que Manon était enfermée à l'hôpital comme une prostituée.

Pour traduire sa joie extrême quand il retrouve sa maîtresse à l'hôpital et parvient à la faire s'échapper, des Grieux utilise le mot «transport»: «Ce *transport*, dont je ne fus pas le maître, faillit de m'attirer un fâcheux embarras»(106). Le même mot sert à exprimer la souffrance de la jalousie quand des Grieux découvre les trahisons de Manon: «Mon père vit bien que, dans le *transport* où j'étais, rien ne serait capable de m'arrêter»(35). Quand Manon le trahit pour le jeune G...M..., le mot indique la violence de sa première réaction: «Je me trouvai, tout d'un coup, de la tranquillité où je croyais être, dans un *transport* terrible de fureur»(136). Enfin, quand il retrouve Manon chez le jeune G...M..., le «transport» qui lui échappe provoque la terreur de Manon: «Elle fut si épouvantée de ce transport...»(142) Un peu plus loin dans le roman, au moment de la rupture entre des Grieux et son père, le mot «transport» suffit à justifier le manque de respect pour le père, inconcevable dans le cadre de l'étiquette aristocratique: «Adieu, lui dis-je dans mon *transport*, adieu, père barbare et dénaturé»(172).

Le transport est un sentiment extrême qui implique une totale absence de maîtrise de soi, physique et rationnelle. Au cours du roman, ce mot sert à désigner les réactions du seul des Grieux, sauf en trois occurrences où des Grieux l'utilise pour décrire Tiberge et Manon. «Je fus surpris du transport avec lequel il m'embrassa»(38), des Grieux dit pour décrire le moment où Tiberge vient lui rendre visite dans la prison paternelle, après la première trahison de Manon, et l'exhorte à «profiter de cette erreur de jeunesse.» Le choix du mot «transport» pour évoquer le mouvement affectif du sage Tiberge n'est pas innocent: il permet de porter le soupçon sur la nature de l'amitié qui lie Tiberge à des Grieux, amitié au nom de laquelle Tiberge se dévoue corps et âme à des Grieux et cherche à l'arracher à Manon. Il semble ainsi que Tiberge lui-même agisse sous l'influence de cette passion qu'il tente en vain d'assagir chez son ami. Quant à Manon, elle se lève «avec transport» pour embrasser des Grieux en le retrouvant à Saint-Sulpice, et paraît «transportée du plaisir de le revoir» quand il surgit dans la maison du vieux G...M... pour lui reprocher son infidélité. Les seuls transports de Manon sont des transports de plaisir qui surviennent aux deux moments où des Grieux les attend le moins, quand elle l'a abandonné pour un autre. Les transports de Manon n'ont rien de commun avec ceux de des Grieux: ils ne servent qu'à confirmer la contradiction qu'elle incarne aux yeux de des Grieux.

Le transport est un affect qui rend des Grieux étranger à lui-même, auquel il n'a pas la liberté de résister, et qui lui fait peur. Voici comment des Grieux décrit son sentiment quand il retrouve Manon au couvent de Saint-Sulpice, alors qu'il a pour toujours renoncé à elle:

> Quel passage, en effet, de la situation tranquille où j'avais été, aux mouvements tumultueux que je sentais renaître! J'en étais épouvanté. Je frémissais, comme il arrive lorsqu'on se trouve la nuit dans une campagne écartée: on se croit *transporté* dans un nouvel ordre de choses; on y est saisi d'une horreur secrète, dont on ne se remet qu'après avoir considéré longtemps tous les environs. (45)

Pour évoquer le bouleversement qui le saisit, des Grieux a recours à une métaphore spatiale qui lui permet de représenter le réveil de sa passion comme un «transport» dans un «nouvel ordre de choses.» L'émotion extrême nommée «transport» est aux antipodes du rêve humaniste que des Grieux exprimait juste avant, celui d'une petite maison dans une solitude charmante qu'il aurait partagée avec Manon pour être parfaitement heureux, avec quelques amis, une bibliothèque et un joli jardin. Ce que la vision de Manon lui inspire n'est pas ce rêve bourgeois mais «l'horreur secrète» «d'une campagne écartée» d'où tous ses points de repère ont disparu. Cette perte totale de points de repère qui s'accompagne de terreur évoque le sentiment du sublime qui est décrit pour la première fois au XVIIIe siècle dans les textes de Burke, de Shaftesbury et de Kant. Malgré le caractère sensible de l'amour de des

Grieux pour Manon, il y a quelque chose de sublime dans la grandeur de cette passion incommensurable avec le code social et moral qui tente de la modérer, et dans la terreur que cette passion inspire à des Grieux qui la compare hérétiquement à un chemin de croix.

Mais Manon, on l'a vu, n'est pas à la hauteur des «transports» de des Grieux. Si des Grieux décrit Manon comme une «créature extraordinaire» ou une «étrange fille», c'est précisément parce qu'elle ne partage pas les «transports» passionnés de des Grieux, et parce qu'elle ignore la souffrance. Alors que des Grieux manifeste une fureur jalouse en la retrouvant, Manon se montre simplement contente de le revoir. Et si Manon pleure, c'est parce que la violence des transports de son amant l'effraie. A la passion absolue, elle oppose une réalité matérielle et concrète, celle du pain à manger et du plaisir à se procurer. Alors que des Grieux, par son amour et son code de valeurs, fait de Manon un absolu, le plaisir qu'elle incarne apparaît avant tout comme un sentiment relatif.

Il existe, entre la passion de des Grieux et le plaisir de Manon, une incompatibilité d'ordre ontologique, et c'est cette incompatibilité qui est l'objet du roman. Des Grieux n'a qu'un désir: fixer Manon, la posséder, c'est à dire s'assurer de son cœur, «faire fond» sur elle, sublimer Manon, faire de Manon un sublime objet de désir, un objet qui mérite son amour dans un système de valeurs aristocratique et ennoblisse ainsi le récit. Mais Manon incarne précisément la mobilité d'un sentiment qui ne se laisse pas figer, ni posséder, un sentiment sur lequel on ne peut pas «faire fond», sur lequel on ne peut pas compter car il garde sa liberté et son inconstance qui font son essence. C'est ce sentiment que des Grieux nomme «plaisir» et qu'il cherche vainement à rationaliser et à comprendre tout au long du récit.

L'exil en Amérique auquel la rigidité du système social contraint les amants semble résoudre heureusement le conflit, en permettant à l'amour sublime de l'emporter. En Amérique, des Grieux est finalement assuré du cœur de Manon. A peine se trouvent-ils sur le vaisseau que des Grieux se sent transporté dans un nouvel ordre de choses qui n'a rien à voir avec l'horreur secrète d'une perte des points de repère: «Je ne regrettais pas l'Europe. Au contraire, plus nous avancions vers l'Amérique, plus je sentais mon cœur s'élargir et devenir tranquille»(184). C'est au pays des bannis, des criminels et des prostituées que des Grieux parvient enfin à fixer le cœur de Manon: «O Dieu!

m'écriai-je, je ne vous demande plus rien. Je suis assuré du cœur de Manon. (…) Voilà ma félicité bien établie» (188).

Le transport en Amérique et la misère qui l'accompagne transfigurent Manon. Elle devient telle que la souhaitait des Grieux: «tendre», «passionnée», «attentive»(184). Pour la première fois, on entend Manon désavouer son goût du plaisir: «J'ai été légère et volage, et même en vous aimant éperdument, comme j'ai toujours fait, je n'étais qu'une ingrate. Mais vous ne sauriez croire combien je suis changée»(188). Au temps de l'inconstance et du plaisir succède celui des «vraies douceurs de l'amour»: «C'est au Nouvel Orléans qu'il faut venir, disais-je souvent à Manon, quand on veut goûter les vraies douceurs de l'amour. C'est ici qu'on s'aime sans intérêt, sans jalousie, sans inconstance»(189). On s'est étonné que Prévost, en 1731, nomme «Le Nouvel Orléans» la ville dont l'appellation courante était alors La Nouvelle Orléans.[14] Peut-être faut-il voir dans ce masculin archaïque un écho de la victoire du sentiment noble du chevalier des Grieux sur l'esprit de jeu incarné par Manon et soudain renié par elle.

En triomphe-t-il? C'est aussi l'Amérique qui tue Manon. On peut énoncer, en suivant le récit du chevalier, les causes successives qui conduisent à la mort de Manon: sa beauté éveillant les désirs, le duel de des Grieux avec Synnelet, la fuite des amants dans le désert, la marche de deux lieues qui accable Manon de lassitude. On ne dirait pas l'essentiel: cette Manon dont des Grieux s'est enfin assurée au bout du monde, cette «chimiste admirable» dont la simple présence transforme en or la boue d'une misérable cabane, cette Marie-Madeleine qui pleure, se repent et s'émerveille de la fidélité d'un amant dont elle se sait indigne, cette «amante incomparable» qui, dans une abnégation totale, panse la blessure de son amant à la veille de sa propre mort, cette sainte qui donne des marques d'amour au moment d'expirer, n'est plus Manon. L'étincelle qui motivait jusque là ses actions, la passion du plaisir, s'est éteinte. L'Amérique n'est pas le pays du jeu, du rire et des plaisirs. Manon y existe surtout pour pleurer, se repentir et s'oublier elle-même. Celle dont l'essence était le mouvement n'existe plus dans la «félicité bien établie». A la Manon joyeuse et éclatante qu'aimait des Grieux, a succédé une Manon craintive, privée de voix, qui n'ose

---

[14]   Voir Frédéric Deloffre et Raymond Picard, «Genèse de *Manon Lescaut*», *éd. cit.*; sur la Louisiane imaginaire de l'abbé Prévost, voir Jacques Chouillet, «Manon en Amérique», *The French American Review*, 1982, Fall v. 6 (2), p. 189-195.

même pas exprimer son désir d'un mariage qu'elle avait repoussé jusqu'alors. En Amérique, Manon ne peut que mourir, car elle n'est plus. Métamorphosé en énergie spirituelle, en un sentiment stable et sûr sur lequel on peut compter, le plaisir prend fin.

Par son repentir et par sa mort, Manon disparaît deux fois: le plaisir qu'elle incarne est deux fois nié. Pourtant, tout au long du roman, des Grieux la nomme «mon infidèle», et pourtant il invoque au début de son récit le «penchant au plaisir» de Manon comme la cause de tous ses malheurs. La Manon-plaisir n'est donc pas anéantie, puisque le roman porte le deuil de l'infidèle, et non de l'amante repentie. Que dit, en fin de compte, ce récit qui s'achève sur le silence complice de l'homme de qualité?

3. Le triomphe allégorique du plaisir

Il faut remonter à l'origine du récit. L'origine, c'est le moment où l'homme de qualité voit une foule de paysans se bousculer à la porte d'une mauvaise hostellerie. La «curiosité de ces bons paysans» éveille la sienne, et il interroge un archer pour apprendre «le sujet de ce désordre.» En entendant qu'il s'agit d'une «douzaine de filles de joie», il s'apprête à passer son chemin, car un noble ne saurait céder à la concupiscence lubrique qui fait se précipiter les paysans à l'entrée de l'hôtel. Mais les cris d'une vieille femme l'arrêtent: «Ah! monsieur, entrez, répondit-elle, et voyez si ce spectacle n'est pas capable de fendre le cœur!»(11) L'intérêt de l'homme de qualité est soudain éveillé par la promesse d'un spectacle émouvant, propre à «fendre le cœur», et donc à susciter un plaisir d'imagination: «La curiosité me fit descendre de mon cheval.» A l'intérieur de l'hôtellerie, la vision de Manon, le contraste entre sa figure et sa situation, le mystère de cette contradiction et la promesse de récit qu'elle semble contenir, suscitent chez l'homme de qualité un intérêt encore plus vif: «Je pris le chef en particulier et je lui demandai quelques lumières sur le sort de cette belle fille. Il ne put m'en donner que de fort générales»(12). C'est sa curiosité frustrée par ce manque de «lumières» qui le pousse à déranger des Grieux, qu'il voit pourtant «enseveli dans une rêverie profonde»: «Voulez-vous bien satisfaire la curiosité que j'ai de connaître cette belle personne, qui ne me paraît point faite pour le triste état où je la vois?»(15)

L'on pourrait dire qu'il y a quelque chose d'indécent, sinon de vil, dans ce mouvement de concupiscence qui pousse l'homme de qualité à interroger un homme absorbé dans sa douleur, précisément parce que cette douleur contient la promesse d'une bonne histoire. L'homme de qualité cède à sa curiosité par pur instinct de plaisir. Il n'est pas besoin de citer Freud pour comprendre que l'instinct qui motive la curiosité est, dans son essence, d'ordre sexuel: désir voyeuriste de voir et de savoir, et de contrôler par la vue. La curiosité n'est rien d'autre qu'un «penchant au plaisir»: le penchant au plaisir incarné par Manon et incriminé par des Grieux est à l'origine même du récit.

La curiosité joue aussi un rôle dans l'intrigue du roman: elle est à l'origine même de la rencontre entre des Grieux et Manon. «Nous n'avions pas d'autre motif que la curiosité»(19), dit des Grieux quand il explique pourquoi Tiberge et lui se dirigent vers la cour d'auberge où vient de s'arrêter le coche d'Arras d'où va descendre Manon. Comme la figure affligée de des Grieux, le coche qui voyage de ville en ville est une promesse d'aventures et d'histoires. Les deux jeunes gens s'en approchent pour goûter un plaisir de voyeurs, à la fois plaisir des sens et de l'imagination. La curiosité détermine le destin de des Grieux. La curiosité joue aussi un rôle essentiel dans l'amour de Manon et de des Grieux, car c'est elle qui permet à Manon de retrouver des Grieux au couvent de Saint-Sulpice, quand il a renoncé à elle, et de l'arracher à sa vocation: «Un reste de curiosité (...) lui fit prendre intérêt à un nom si semblable au mien»(43). La curiosité de Manon est liée à son penchant au plaisir, à son goût du jeu, comme il apparaît au cours de l'épisode du Prince italien: «Elle me regardait avec une curiosité avide»(122).

Le même mot, «curiosité», apparaît à trois moments-clefs du roman: la découverte de Manon et des Grieux par l'homme de qualité, la découverte de Manon par des Grieux, et la redécouverte de des Grieux par Manon. En dépit de leur différence morale et sociale et de leur différence d'âge et de sexe, la curiosité est un sentiment que partagent les trois acteurs principaux du roman, celui qui représente la voix sage du père, celui qui est déchiré entre sa passion folle et son appartenance aristocratique, et la fille de naissance commune. La curiosité est un sentiment beaucoup plus proche de ceux qui déterminent toutes les actions de Manon au cours du roman, que de l'amour sublime de des Grieux. La curiosité qui donne naissance aux histoires est un penchant au plaisir. Par sa curiosité qui ouvre le roman, l'homme de qualité qui s'est retiré du monde entre dans l'espace de la fiction, et cet espace est celui du plaisir d'imagination, l'espace de Manon, un espace sans clôture sociale et morale. Sa seule intervention au cours du roman, entre la première et la deuxième partie du récit de des Grieux, lui permet d'exprimer à des Grieux le «plaisir» que lui procure son intéressante histoire.[15] D'où l'absence de conclusion, de clôture narrative du récit.

On lit *Manon Lescaut* comme un roman d'amour. C'est l'amour, dit-on, qui donne à ce roman sa beauté. C'est l'amour qui justifie les transgressions commises par des Grieux; c'est l'amour qui sauve Manon de la vulgarité, selon un lecteur contemporain de la publication de l'œuvre, Montesquieu: «J'ai lu, ce 6 avril 1734, *Manon Lescaut*, roman composé par le Père Prévost. Je ne suis pas étonné que ce roman, dont le héros est un fripon, et l'héroïne, une catin qui est menée à la Salpétrière, plaise; parce que toutes les mauvaises actions du héros, le chevalier des Grieux, ont pour motif l'amour, qui est toujours un motif noble, quoique la conduite soit basse. Manon aime aussi; ce qui lui fait pardonner le reste de son caractère.»[16] Au XVIIIe siècle comme aujourd'hui, invoquer le «motif noble» qu'est l'amour permet de sauver le roman, car ce motif noble préserve l'ordre social et moral. Mais ce n'est pas rendre justice à la création originale, «extraordinaire», du personnage de Manon. C'est aussi ne pas entendre le message subtil et implicite de *Manon Lescaut*: par l'effet que produit Manon, à la fois comme femme et comme histoire, sur des Grieux, sur l'homme de qualité et sur tous les lecteurs, le roman dit le pouvoir du plaisir, à la fois plaisir des sens et plaisir de l'imagination.

Femme de plaisir, Manon est la cause des malheurs de des Grieux et la victime des forces sociales qui l'excluent. Objet de la curiosité, elle allégorise le plaisir du récit: c'est elle qui le fait vivre; elle est la force qui détermine des Grieux et l'homme de qualité. Ils ont beau condamner moralement tout sentiment non noble, ils cèdent tous deux au plaisir du récit. Ce plaisir ne se laisse pas limiter par la censure morale, il ne se laisse pas encadrer, il ne se laisse pas définir, il n'obéit qu'à sa propre errance, aux divagations de l'imagination. Malgré sa mort en amante repentie, Manon domine le récit comme allégorie de l'instinct de plaisir.

---

[15] Sur le plaisir qu'a des Grieux lui-même à raconter son histoire et sur son habileté de narrateur, voir Etienne Joyeux, «Les récits de des Grieux», *French Studies of Southern Africa*, 9 (1980), 2-18; Jean-Pierre Sermain: *Rhétorique et roman au XVIIIe siècle. L'exemple de Prévost et de Marivaux* (1728-1742), *Studies on Voltaire*, Oxford, 1985, chap. II.

[16] Montesquieu, *Les Pensées. Œuvres complètes*, I, éd. Roger Caillois. Paris: Gallimard, Bibliothèque de la Pléiade, 1946, p. 1253, pensée 940.

II
1736-1738
MME DE LURSAY, OU LA VANITÉ

Dans la préface aux *Egarements du cœur et de l'esprit*, Crébillon fils indique quel est, selon lui, le but de toute fiction romanesque: «peindre les hommes tels qu'ils sont.» Son désir, en écrivant ce roman, est d'atteindre le vrai, «car le vrai seul subsiste toujours», et de ne pas céder à la mode: «Tout auteur retenu par la crainte de ne pas plaire assez à son siècle passe rarement aux siècles à venir.» Il décrit ensuite le projet de son roman:

> On verra dans ces Mémoires un homme tel qu'ils sont presque tous dans une extrême jeunesse, simple d'abord et sans art, et ne connaissant pas encore le monde où il est obligé de vivre. La première et la seconde partie roulent sur cette ignorance et sur ses premières amours. C'est, dans les suivantes, un homme plein de fausses idées, pétri de ridicules, et qui y est moins entraîné encore par lui-même, que par des personnes intéressées à lui corrompre le cœur, et l'esprit. On le verra enfin dans les dernières, rendu à lui-même, devoir toutes ses vertus à une femme estimable: voilà quel est l'objet des *Egarements de l'esprit et du cœur*.(45)[1]

Ce projet, c'est de raconter une formation en trois étapes: d'abord l'ignorance et la naïveté, puis la corruption, ce qu'on pourrait appeler l'*égarement*, et enfin le retour à la vertu, où le lecteur trouvera, grâce à l'union avec une «femme estimable», le héros enfin «rendu à lui-même». Ce «lui-même» indique qu'il existe une identité du sujet qui s'obtient au terme d'un parcours mettant fin aux égarements et aux corruptions. Le titre même du roman suggère un tel redressement moral: comme

---

[1] Claude Prosper Jolyot de Crébillon, *Les égarements du cœur et de l'esprit* (1736-1738), édition présentée, établie et annotée par Etiemble. Paris: Gallimard, 1977.

l'écrivait Jean Sgard en 1963, il n'y a d'égarement que par rapport à une norme, et l'emploi du mot *égarement* implique la connaissance de cette norme.[2] Enfin, le début du roman aussi fait attendre une transformation morale du héros: «L'idée du plaisir fut, à mon entrée dans le monde, la seule qui m'occupa»(48). Les mots «à mon entrée dans le monde», qui désignent le point de départ du roman, suggèrent un point d'arrivée où l'idée du plaisir ne sera plus la seule à occuper le héros.[3]

Cette attente est déçue: la fin manque. On n'assiste pas au redressement moral du héros corrompu, et le roman s'achève sur une scène de plaisir. La préface annonce plus de trois parties, puisqu'elle mentionne «la première et la seconde», «les suivantes», et «les dernières.» Mais le roman ne comprend que trois parties. Faut-il en conclure qu'il est-il incomplet? Pour lui donner sens, doit-on imaginer la fin qui n'est pas écrite?[4] Comment comprendre cette triple annonce d'une fin qui n'existe pas?

1. Mme de Lursay

«J'entrai dans le monde à dix-sept ans.» Telle est la première phrase du roman. Dix-sept ans, c'est l'âge de l'entrée dans le monde, l'âge où l'on commence à exister par son identité sociale. Mais c'est aussi l'âge de l'éveil au désir: «Je désirais une félicité dont je n'avais pas une idée bien distincte»(48). Au début du roman, Meilcour décrit son état de désir indistinct et confus, mécanique puisqu'il est simplement lié au développement de son corps, et qui n'attend qu'un objet pour s'en emparer. Cet objet sera une amie de sa mère qu'il a l'occasion de voir tous les jours, Mme de Lursay.

---

[2] Voir Jean Sgard, «La notion d'égarement chez Crébillon», *Dix-huitième siècle*, 1, 1969, p. 240-249. Sgard cite le *Dictionnaire de Trévoux*, éd. de 1771, qui définit l'égarement comme «tout ce qui s'éloigne de la règle à laquelle on doit se conformer, des principes reçus, de la sainte doctrine.»

[3] Voir Andrej Semiek, *La recherche morale et esthétique dans le roman de Crébillon fils*. Oxford: Studies on Voltaire 200, The Voltaire Foundation, 1980.

[4] C'est ce que font Jean Sgard (article cité), et Raymond Trousson, *Romans libertins du XVIIIe siècle*. Paris: Laffont, collection Bouquins, 1993, pour qui la «femme estimable» dont parle Crébillon fils dans la préface de son roman ne peut être qu'Hortense de Théville; si le roman ne s'achève pas sur l'union en effet attendue d'Hortense et de Meilcour, c'est donc qu'il est inachevé.

Le narrateur nous apprend rétrospectivement tout ce que le héros in-génu ignore: Mme de Lursay est loin de lui être insensible. A quarante ans, elle serait heureuse d'initier et de fixer un jeune homme de dix-sept ans. Au crépuscule d'une vie galante, elle est prête pour une pre-mière passion. Le seul problème, c'est que le jeune héros ignore tout du code de la séduction: il l'idolâtre et la respecte à tel point qu'il n'ose rien déclarer. Il ne sait pas interpréter les signes. «Quoique d'accord, nous n'en étions pas plus heureux»(57). «Tout, à quelqu'un plus instruit que moi, lui aurait appris combien il était aimé»(67). L'extrême igno-rance et les méprises du jeune Meilcour risquent de conduire à une impasse un désir pourtant partagé, parce que le code amoureux et le code social interdisent à Mme de Lursay d'accomplir certaines démar-ches que Meilcour, dans sa timidité, n'ose pas entreprendre. Mme de Lursay en est réduite à se déclarer à demi-mots et à fixer elle-même un rendez-vous à son jeune amant.

Comment une femme de quarante ans et un jeune homme de dix-sept, qui se rencontrent dans le monde et dont les cœurs sont d'accord, parviennent-ils à se rapprocher sans compromettre la décence? Ce pourrait être le trajet éducatif que Crébillon fils a promis dans sa pré-face: Meilcour, qui débarque dans le monde avec la naïveté de la jeu-nesse, s'initie peu à peu aux codes. Il apprend, par exemple, lui qui croit à la vérité du sentiment, que le sentiment n'est «dans le monde qu'un sujet de conversation»(55) et que l'amour n'est qu'»une sorte de commerce où l'on s'engageait souvent même sans goût»(50). L'égarement dont il est question ne serait alors rien d'autre que son enthousiasme romantique de jeune homme rendu stupide par l'ignorance. Celle chargée de remettre le jeune homme sur la bonne voie serait Mme de Lursay, la «femme estimable» avec qui il s'unit char-nellement à la fin du roman.

Mais deux éléments compliquent l'intrigue. Mme de Lursay ne peut pas être «la femme estimable» dont Crébillon fils parle dans sa préface, parce qu'on perçoit dès le début du roman, dans le ton du narrateur et dans ses commentaires rétrospectifs, un mépris à son égard. En tour-nant en dérision sa propre naïveté, Meilcour se moque du respect que Mme de Lursay a pu lui inspirer, et le nomme «ridicule.» A travers tous les élégants discours de Mme de Lursay, il apparaît clairement qu'elle ne désire qu'une chose: mettre fin au respect pour elle du héros, c'est à dire, en termes plus clairs, le séduire. Si le sentimental jeune homme de dix-sept ans croit impossible de rendre sensible une femme aussi digne, le narrateur, lui, démonte psychologiquement Mme de Lursay, qu'il accuse de l'avoir habilement manipulé par ses manèges.[5] Il décrit ironiquement son désir d'inspirer moins de respect au jeune héros: «Madame de Lursay, impatientée de son tourment, et de la vénération profonde que j'avais pour elle, résolut de se délivrer de l'un en me guérissant de l'autre»(57). Et surtout, il propose une vision mécaniste de la «passion» qu'il associe au vieillissement: «Elle n'était pas vieille encore, mais elle sentait qu'elle allait vieillir et pour des femmes dans cette situation il n'est point de conquête à mépriser»(67). Le narrateur tire des généralités misogynes du cas de Mme de Lursay, et si le respect du code mondain et galant est la norme dont le héros doit apprendre à ne pas s'égarer, cette norme apparaît, dès le début, comme assez méprisable.

Le second élément qui complique l'intrigue, c'est la rencontre d'une autre femme, Hortense de Théville, d'abord nommée «l'inconnue». Cette rencontre a lieu à l'Opéra où Meilcour est allé seulement pour se distraire du chagrin extrême de ne pas avoir trouvé chez elle Mme de Lursay. Cette rencontre de hasard change les données du roman. En voyant «l'inconnue», Meilcour fait une découverte importante: «Je venais d'éprouver en voyant mon inconnue que je n'aimais qu'elle, et que je n'avais pour Mme de Lursay que les sentiments passagers qu'on a dans le monde pour tout ce qu'on y appelle jolie femme»(106). A partir de ce moment-là, le vrai objet du désir du narrateur n'est pas Mme de Lursay, mais l'inconnue dont nous saurons bientôt le nom, Hortense de Théville.

---

[5] Cette description du fonctionnement psychologique d'une femme du monde comme un être mécaniquement fabriqué pour plaire (coquette, puis passionnée) n'est pas sans évoquer celui qu'on trouvera vingt ans plus tard dans l'article «Femme» de l'*Encyclopédie* de Diderot et d'Alembert, écrit par Desmahis, qui décrit aussi la vieillesse de la femme comme l'âge d'une nécessaire dévotion servant de susbtitut à d'autres plaisirs. Cette idée est un topos du roman et de la philosophie au XVIIIe siècle.
«Cet art de plaire, ce désir de plaire à tous, cette envie de plaire plus qu'une autre (...) semble être dans les femmes un caractère primitif (...): on a même comparé ce caractère au feu sacré qui ne s'éteint jamais. (...) Qui peut définir les femmes? Tout à la vérité parle en elles, mais un langage équivoque.» (*Encyclopédie*, article «Femme», tome VI, 1756)

2. De la mélancolie comme signe de vérité

Si le roman comprend neuf personnages, trois seulement occupent l'intrigue du début à la fin: Meilcour, Mme de Lursay et Hortense de Théville. Entre Mme de Lursay, femme galante, et les deux coquettes que sont Mme de Senanges et Mme de Mongennes, il n'existe que des différences de degrés, leurs moyens d'action (la parole), leur mode d'être (la galanterie) et leur but (la séduction) étant similaires; il existe par contre une différence radicale, à tous les niveaux, entre ces femmes et Hortense de Théville, qui reste unique dans le roman.

Tout oppose Mme de Lursay et Hortense de Théville. L'une a quarante ans et l'expérience du monde, l'autre vient d'arriver à Paris et n'est pas encore entrée dans le monde.[6] Mme de Lursay, en raison de son âge, doit «réparer» par la parure «ce que près de quarante ans qu'elle avait lui avait enlevé d'agréments.»(54) La connotation péjorative du verbe «réparer» apparaît clairement quand le narrateur l'utilise pour décrire à sa toilette Mme de Senanges: «Madame de Senanges était encore à sa toilette; cela n'était pas bien surprenant: plus les agréments diminuent chez les femmes, plus elles doivent employer de temps à tâcher d'en réparer la perte, et Mme de Sénanges avait beaucoup à réparer.» Dans le contexte du libertinage, le thème de la toilette est important: c'est à sa toilette que la libertine, ou la femme galante, fabrique artificiellement le masque grâce auquel elle parvient à dissimuler son être «vrai» et vulnérable et à manipuler le monde.[7] Hortense, par contre, qui n'a rien à «réparer» artificiellement, se montre telle qu'elle est, sans parure et sans ornement: «Elle était mise simplement mais avec noblesse. Elle n'avait pas en effet besoin de parure: en était-il de si brillante qu'elle ne l'eût effacé; était-il d'ornement si modeste qu'elle ne l'eût embelli?»(76)

Madame de Lursay est une femme d'esprit; elle connaît le monde, elle possède l'art de la conversation, elle sait manipuler l'innocent et

---

[6] Sur le concept de «monde» à la fois comme espace social et comme espace mental, voir les analyses de Anne Giard, «Le 'Monde' dans Les égarements,» Stanford French Review, 1985, v.9, p. 33-46; Savoir et récit chez Crébillon. Paris-Genève: Champion-Slatkine, 1986.

[7] Nombreux sont ainsi les tableaux libertins à représenter des femmes à leur toilette, femmes du monde ou déesses mythiques qui ont l'air de jeunes filles contemporaines. Watteau, Boucher, Fragonard, Pater et de nombreux autres peintres ont peint des Toilettes matinales, Toilettes intimes ou Diane au bain.

ingénu Meilcour. Hortense de Théville apparaît beaucoup plus rarement que Mme de Lursay, et surtout, elle parle très peu, dans un roman où la conversation représente le mode narratif prédominant, puiqu'on y compte cent-soixante dix pages de dialogue sur deux-cent quatre-vingt quinze pages, soit près des deux-tiers du roman. On ne voit Hortense que deux fois en situation sociale, dans un salon: une fois chez Mme de Lursay, une fois chez Mme de Théville. Elle n'est engagée qu'une seule fois dans une conversation avec Meilcour: cette conversation, loin d'avoir la légèreté caractéristique des spirituelles conversations de salon, est si sérieuse qu'elle les conduit presqu'à une dispute, révélant ainsi qu'Hortense engage son «cœur», l'intégrité de son être, dans ses paroles. Sinon, Hortense en société se tait. Elle montre une certaine mélancolie et se laisse absorber par la rêverie. Un tel comportement ne correspond pas aux règles de la société aristocratique et suscite l'étonnement des autres personnages: «Versac (…) lui parlait sur sa mélancolie et sur les moyens de la détruire»(175).

Hortense se différencie ainsi des autres personnages et même de sa mère qui, tout en étant «peu faite pour le monde et le méprisant»(149), en respecte néanmoins les règles quand elle s'y trouve, et s'inquiète également de la tristesse peu sociale de sa fille. La seule expression d'Hortense est celle d'une tristesse qui se communique au narrateur: «La tristesse où je la voyais plongée m'en causait à moi-même»(171). Hortense est définie comme un personnage mélancolique. De cette mélancolie, pathologique ou circonstancielle, nous ignorons la cause, tout comme le narrateur qui, au cours du roman, ne cesse de chercher à la comprendre.

Quelle valeur donner à cette mélancolie? Peut-on dire que, dans un roman écrit en 1736, la valeur du silence et de la mélancolie soit supérieure à celle de la conversation et des règles mondaines? En concentrant l'attention sur le personnage d'Hortense comme si elle était le *cœur* du roman, ne risque-t-on pas de proposer des *Egarements* une lecture ridiculement sentimentale, de mauvais ton, exactement celle que Versac nous invite à bannir dans une répartie ironique à son naïf élève Meilcour en parlant de Mme de Senanges: «Votre cœur! dit-il, jargon de roman. Sur quoi supposez-vous qu'elle vous le demande? Elle est incapable d'une prétention si ridicule»(158). Crébillon fils décrit une société purement aristocratique dans laquelle règnent l'usage, le bon ton, et la conversation. Si l'œuvre de Crébillon fils tout entière a un objet, c'est la subtilité du code social reflétée par les détours du langage.[8] Du point de vue de cette société, Hortense rêveuse, mélancolique et silencieuse devrait paraître ridicule, comme le misanthrope de Molière, dont l'amère critique humaine révèle en fin de compte son inaptitude sociale et amoureuse. C'est précisément parce que le sens du ridicule aide à former les bonnes manières sociales mais n'a, en soi, aucune valeur morale, que Rousseau critique âprement Molière dans sa *Lettre à Monsieur d'Alembert sur les spectacles*. Mais Crébillon fils échappe à la critique rousseauiste: au lieu de considérer Hortense du point de vue de la société galante et frivole et de la ridiculiser, c'est sur la société galante et frivole qu'il projette le regard d'Hortense. Elle est le seul personnage du roman à ne jamais paraître ridicule.

Bien que sa présence soit rare, Hortense sert de contrepoids aux autres personnages, ou, comme le dit le narrateur, de «contrepoison»:

> quelque froideur que je trouvasse dans Mademoiselle de Théville, je cherchai sa vue comme le contrepoison à celle de Mme de Senanges. (...) Je réfléchissais sur la distance prodigieuse qui était entre elle et Mme de Senanges, sur ces grâces si touchantes, ce maintien si noble, réservé sans contrainte, et qui seul l'aurait fait respecter...(153)

Au respect qu'inspire naturellement Hortense par sa réserve et sa froideur s'oppose le mépris que finissent par susciter tous les personnages du roman participant au jeu de la galanterie: Mme de Senanges et Mme de Mongennes par leur impudence, Mme de Lursay dont les artifices sont révélés par le petit-maître Versac, Versac lui-même, qui, alors qu'il est partout ailleurs le maître du jeu, se heurte à l'intégrité d'Hortense révélant sa fatuité, et le narrateur enfin, qui interprète le silence d'Hortense comme le mépris de sa propre légèreté:

> De temps en temps elle me regardait, et quelquefois avec une sorte de mépris que je n'interprétais pas en bien (...). La seule chose qui pût m'en consoler, était le peu de cas qu'elle s'obstinait toujours à faire de Versac, qu'un accident si extraordinaire mettait presque hors de lui.(164)

---

[8]   Telle est la position de Jean Dagen dans son introduction aux *Egarements du cœur et l'esprit*. Il conteste toute interprétation métaphysique du roman. Voir *Les égarements du cœur et de l'esprit*, introduction par Jean Dagen. Paris: GF Flammarion, 1985.

Le personnage d'Hortense sert ainsi au cours du roman de critère de valeur par rapport auquel le narrateur juge les autres personnages et se juge lui-même. Le personnage d'Hortense est important en raison de sa différence. Elle représente l'altérité absente des autres romans de Crébillon fils, qui décrivent un monde homogène de duchesses et de petits marquis uniquement occupés à se séduire les uns les autres.[9] Sans Hortense, il semble que le titre *Les égarements du cœur et de l'esprit* ne serait pas possible. Dans ce roman plein de conversations et de mondanités, le silence et la mélancolie d'Hortense peuvent être considérés comme le point de perspective sur lequel le bavardage, la séduction et la fatuité des autres personnages attirent l'attention du lecteur.[10] La résistance d'Hortense à Versac signifie la possibilité d'un autre système de valeurs, différant de celui que Versac enseigne au narrateur, dont la valeur suprême est *le plaire*, et qui ne cesse d'opérer au cours du roman puisque l'on y trouve les mots *plaire*, *déplaire*, *plaisir* et *plaisant* plus de cent-soixante dix fois en deux-cent quatre vingt quinze pages, soit dans plus d'une page sur deux en moyenne. Le personnage d'Hortense permet à Crébillon fils de projeter un regard ironique sur les valeurs dérisoires de cette société. Contrairement à Mme de Lursay, Mme de Sénanges ou Mme de Mongennes, Hortense ne se soucie pas de plaire. Contrairement à celles de Versac, les valeurs d'Hortense ne font pas l'objet d'un discours et ne sont pas explicitées: c'est précisément le silence qui leur donne une certaine consistance, parce que, servant de contrepoids et d'antithèse à la parole des autres personnages, il révèle la superficialité et la vanité du bruit social.

3. Amour et vanité

La vision d'Hortense produit sur Meilcour un effet violent dès la première rencontre à l'Opéra: «Ma surprise allait jusqu'au transport. Je sentis dans tout mon cœur un désordre qui se répandit sur tous mes sens»(75). Le choc de la première rencontre, décrit en des termes qui

---

[9]   Sur l'homogénéité du monde décrit par les romans de Crébillon fils - un jugement que le personnage d'Hortense permet donc, selon nous, de nuancer - voir Thomas Kavanagh, *Enlightenment and the Shadows of Chance. The Novel and the Culture of Gambling in Eighteenth-Century France*. Baltimore and London: The Johns Hopkins University Press, 1993, p. 224.

[10] Telle est la thèse de Jean Sgard et de Raymond Trousson dans les articles cités plus haut.

rappellent ceux choisis par Prévost dans *Manon Lescaut* en 1731 et qui relèvent du topos romanesque de l'amour coup-de-foudre, se réitère à chaque fois que Meilcour rencontre Hortense. Meilcour ne trouve jamais Hortense quand il la cherche; ces rencontres se produisent, toutes sauf une, par hasard, frappant le narrateur au moment où il s'y attend le moins: le choc de la surprise lui ôte tout contrôle sur son corps. «Un tremblement universel qui s'empara de moi me laissa à peine la force de marcher»(104), écrit-il à propos de la rencontre aux Tuileries. Si la vue d'Hortense provoque en Meilcour un violent désordre, un simple contact de la main rend son corps hystérique: «Je lui présentai la main, mais je n'eus pas sitôt touché la sienne, que je sentis tout mon corps trembler. Mon émotion devint si violente, qu'à peine pouvais-je me soutenir. Je n'osai ni lui parler, ni la regarder, et nous arrivâmes tous deux à son carrosse, en gardant le plus profond silence»(177).

L'effet produit par Mme de Lursay est parfois décrit en termes équivalents, mais il en est subtilement distingué: «Je sentais tous les mouvements d'une passion avec autant de violence que si en effet je les eusse éprouvés»(74). Les mouvements d'une passion circonstancielle (purement physique) ressemblent à ceux de l'amour, mais justement parce qu'ils y ressemblent, ils ne sont pas ceux de l'amour. Le trouble de Meilcour face à Mme de Lursay est d'ailleurs désigné par un terme beaucoup plus faible: il s'agit d'un «embarras» (p. 119, 282), produit avant tout par l'inexpérience, et compensé par le savoir de Mme de Lursay: «Elle s'aperçut aisément de mon embarras»(119). Les rencontres avec Mme de Lursay sont anticipées et imaginées à l'avance, ou bien se produisent alors même que le narrateur cherche à les éviter, par la volonté de Mme de Lursay: c'est elle qui séduit Meilcour en l'engageant à parler de sentiment, c'est elle qui lui fixe des rendez-vous, c'est elle qui le prend à l'écart, c'est elle qui le cherche et l'invite chez elle.

L'amour de Meilcour pour Hortense sert à dévaloriser son désir pour Mme de Lursay. C'est la rencontre d'Hortense qui permet à Meilcour de définir son désir pour Mme de Lursay comme un amour-goût (un désir sensuel) et un plaisir de vanité, les deux ne se dissociant pas: jouir d'une femme, dans le monde où évolue Meilcour, c'est aussi faire savoir au public qu'on jouit des faveurs d'une jolie femme, et le plaisir des sens se double du plaisir de la réputation. Ce que Meilcour souhaite de Mme de Lursay, c'est un «commerce commode»(82) qui ne lui coûte pas trop d'efforts. Il est séduit moins par Mme de Lursay elle-même que par l'espoir de réussir facilement. Mais Meilcour a beau se laisser attirer par Mme de Lursay, il revient toujours à Hortense par la pensée, et oppose le plaire à l'amour: «Pour vouloir continuer à lui plaire [à Mme de Lursay], j'avais besoin d'oublier à quel point j'aimais mon inconnue»(114). La rencontre d'Hortense lui révèle que le mot *amour* peut ne pas désigner seulement «une sorte de commerce» commode mais aussi un vrai sentiment.

Le plaisir sert alors de substitut à ce qui manque, l'amour d'Hortense; il devient la distraction qui permet au narrateur de se détourner de son seul vrai désir, et qui, par là-même, place ce désir au centre du récit: «Je cherchais à me distraire de son idée par celle des plaisirs qui m'attendaient»(114). Le plaisir de vanité est dévalorisé, parce qu'il sert à révéler le manque qu'il reste impuissant à combler: «Si la vanité seule avait pu satisfaire mon cœur, il aurait sans doute été moins agité»(177).

En vieillissant, peut-être Hortense de Théville s'accoutumera-t-elle au monde et deviendra-t-elle une autre Mme de Lursay, découvrant à quarante ans sa première passion. Nous ne le savons pas. Ce qui importe ici, ce n'est pas le contraste réel entre les deux femmes, mais le contraste des deux sentiments qu'elles inspirent au narrateur, désir superficiel et vrai sentiment. A travers le contraste de ces deux sentiments, se joue dans *Les égarements du cœur et de l'esprit* un conflit entre la vanité et la vérité. On pourrait aussi dire: entre l'esprit et le cœur.

Le cœur, c'est la dimension sentimentale et sensible; l'esprit, ce n'est pas l'entendement et la raison mais la subtilité du savoir mondain, l'expérience du dialogue et des bons mots, ce qu'on appelle au XVIIe siècle l'art de plaire; d'un côté, l'intériorité du moi et la vérité du sentiment; de l'autre un savoir social qui s'inculque et qui permet de briller, la vanité d'un vernis mondain qui façonne le moi social. Si le titre met le cœur et l'esprit au même niveau en indiquant qu'ils s'égarent tous deux, le roman tout entier se construit autour de l'antithèse du cœur et de l'esprit, de la vérité et de la vanité, incarnés par deux femmes, Mme de Lursay et Hortense de Théville.

Mme de Lursay représente la vanité, non parce qu'elle est vaine mais parce qu'elle inspire à Meilcour un désir superficiel, mondain et vain; Hortense représente la vérité, parce qu'elle est le vrai objet du désir, le seul qui puisse «remplir» le «cœur» du narrateur: «Le cœur qui semblait se refuser à mes désirs était le seul qui pût remplir le mien»(178). Avec Hortense, il semble qu'il soit possible d'échapper à la loi du plaisir telle qu'elle est énoncée par Versac, et donc d'aimer pour toujours: «–Comme moi, tous les hommes ne cherchent que le plaisir (...). Voyez-vous, Marquise, il n'y a personne qui voulût s'engager, même avec l'objet le plus charmant, s'il était question de lui être éternellement attaché»(139).

4. Le moment

La philosophie de Versac repose sur une conception libertine du temps, qui lie le plaisir et le moment. L'opposition entre le momentané et le durable, tel est l'objet de l'unique conversation entre Meilcour et Hortense. Leur conversation, à laquelle fournit un point de départ un livre qui semble alimenter la rêverie d'Hortense, porte sur l'amour, et sur la définition de l'amant malheureux. Pour Hortense, un amour contrarié et non légitime, même s'il est mutuel, suffit à assurer le malheur des amants. Meilcour lui rétorque en s'extasiant sur le bonheur de ce «moment» que les amants dérobent à tout ce qui peut contrarier leur amour: «Se voient-ils un moment? Que ce moment a de charmes!»(191) Hortense réplique: «Ce que vous dites peut être vrai, répondit-elle; mais pour un moment tel que celui dont vous parlez, que de jours d'inquiétude et de douleur!»(191)

Pour Meilcour, le moment vaut par lui-même; pour Hortense, le moment s'insère dans une durée qui le contrebalance et qui a plus de poids qu'un instant unique. En déniant le plaisir du moment unique, Hortense s'inscrit sans le savoir contre la temporalité libertine, qui se compose de moments.

Le moment, également appelé «occasion», est un concept très important dans le vocabulaire de Crébillon, à travers toute son œuvre.[11] On trouve le terme dans le titre d'un récit composé en 1737 et publié en 1755, *La nuit et le moment ou les matinées de Cythère*. Le concept de moment est défini dans un autre dialogue, *Le hasard au coin du feu*, écrit vers 1737-1740 et publié en 1763:

---

[11]   Sur le concept de *moment* dans l'œuvre de Crébillon fils et son rapport avec le désir, voir Georges Poulet: *Etudes sur le temps humain*. Paris: Gallimard, 1950; Robert Mauzi: *L'idée du bonheur dans la littérature et la pensée française au XVIIIᵉ siècle*. Paris: Armand Colin, 1960, et Genève: Slatkine Reprints, 1979; Laurent Versini: *Laclos et la tradition. Essai sur les sources et la technique des Liaisons dangereuses*. Paris: Klincsieck, 1968; Philip Stewart: *Le masque et la parole. Le langage de l'amour au XVIIIᵉ siècle*. Paris: Corti, 1973.

Célie: «Qu'est-ce que le moment; et comment le définissez-vous?
Car j'avoue de bonne foi que je ne vous entends pas.»
Le Duc: «Une certaine disposition des sens aussi imprévue qu'elle
est involontaire, qu'une femme peut voiler, mais qui, si elle est
aperçue, ou sentie par quelqu'un qui ait intérêt d'en profiter, la
met dans le danger du monde le plus grand d'être un peu plus
complaisante qu'elle ne croyait ni devoir ni pouvoir l'être.»[12]

Le moment n'est pas seulement un point du temps; il est défini par
un ensemble de circonstances qui reçoit ici le nom de «une certaine
disposition des sens», et qui semble s'appliquer spécifiquement aux
femmes: le moment est un état d'excitation féminine qui permet à un
homme de profiter d'une femme. Le moment est le point du temps où
un tel trouble s'empare des sens d'une femme qu'il annule toute considération morale ou sentimentale: le corps (la nature, dans le vocabulaire du XVIIIe siècle) devient sujet, obéissant à la loi autonome du
plaisir. Imprévu et involontaire, le moment n'a ni passé ni futur: il
opère une rupture dans le temps, une suspension de toute dimension
morale ou simplement autre que physique. Il ne reste au séducteur qu'à
cueillir le *moment*, c'est-à-dire ce corps féminin qui s'abandonne passi-
vement. Au XVIIIe siècle, le *moment* est également une notion de physique mécanique, que l'*Encyclopédie* de Diderot et d'Alembert définit
comme «le produit d'une puissance par le bras du levier auquel elle est
attachée.» Cette origine mécanique du concept de «moment» indique
quelle théorie du sujet contient son usage dans les romans libertins du
XVIIIe siècle: le sujet, dont la volonté et les mouvements sont déterminés par le «moment», est mû par une force dynamique produite par la
rencontre entre les corps, qui le propulse une fois lancé suivant des lois
de physique indépendantes de tout ce qui constitue sa subjectivité, sa
raison et ses sentiments.

Il ne s'agit pas de confondre le «moment» avec une violente impul-
sion physique. Si le «moment» est irrésistible, il n'est pas violent ni
impulsif, il n'est pas sauvage. Il suit des lois qui sont aussi sociales,
dans la mesure où le comportement social est une seconde nature dans
le monde de Crébillon. C'est cette association du désir charnel et du
code social qui a permis à Parick Wald-Lasowski de décrire les libertins

---

[12] Crébillon-fils, *La nuit et le moment*, Paris, Editions Desjonquères, 1983 (première
édition 1755), p. 195. Voir aussi *Le Sopha* (Paris, U.G.E., 1966, p. 84-86) et
L'écumoire ou Tanzai et Néadarné (Paris, Nizet, 1976, p. 208 et 230-231).

de Crébillon comme des séducteurs agissant par politesse.[13] Ce qui emporte les sens et favorise le triomphe du moment dans le monde de Crébillon fils, c'est une ivresse qui vient du langage, de la parfaite et fragile manipulation du code social, où la tension de la séduction peut être brisée par une simple faute de goût. Loin de se contredire, la politesse et le plaisir sensuel se rejoignent, parce qu'ils impliquent tous deux des surfaces, des apparences, qui s'opposent à l'intériorité de sentiments comme l'amour. Le désir sensuel est un désir de toucher, de caresser la peau de l'autre; la parfaite manipulation du code social consiste aussi à caresser la peau de l'autre, cette peau de l'âme qu'est la vanité. Dans *Les égarements du cœur et de l'esprit*, Crébillon fils contraste la partie superficielle des êtres, à la fois le plaisir des sens et le plaisir de la vanité, qui sont tous deux goûtés dans le *moment*, avec leur partie profonde, celle de la rêverie solitaire, de la mélancolie et des sentiments, qui implique un désintérêt de la vanité sociale, une transcendance de la sensibilité immédiate, et une durée.

Le *moment* joue un rôle très important dans *Les égarements du cœur et de l'esprit*, car c'est lui qui justifie la faiblesse entraînant Meilcour vers Mme de Lursay alors même qu'il a le cœur plein d'Hortense, et qu'il affirme mépriser les artifices de Mme de Lursay. A plusieurs reprises, Meilcour se laisse emporter par le moment qui lui fait oublier ses intentions: «Quelques soupirs, qu'elle affectait de ne pousser qu'à demi, achevèrent de me confondre, et, dans ce dangereux moment, elle profita de tout l'amour que j'avais pour mon inconnue»(108).

L'intérêt du roman réside dans la tension entre ces deux pôles: l'amour-passion et l'amour-goût, la vérité et la vanité, la durée et le moment. Tout au long du roman, la réunion finale de Meilcour et d'Hortense est présentée comme le but de l'histoire. Elle n'aura lieu que si Meilcour parvient à triompher de ce qu'il y a de superficiel en lui.

Cette fin manque. La dernière scène du roman se passe chez Mme de Lursay où Meilcour a couru chercher Hortense qui n'y est pas. Il y reste: le roman s'achève dans le boudoir de Mme de Lursay. Après une scène de confrontation violente où Meilcour tente d'humilier Mme de Lursay et de l'écraser de son mépris, il se retrouve ridiculisé et humilié

---

[13] Voir Patrick Wald Lasowski, *Libertines*. Paris: Gallimard, 1980, p. 27 sq.

par une femme en colère qui lui donne une leçon de bonnes manières.[14] Il finit par se laisser séduire par elle: «L'ouvrage de mes sens me parut celui de mon cœur. Je m'abandonnai à toute l'ivresse de ce dangereux moment, et je me rendis enfin aussi coupable que je devais l'être»(290-91). Mme de Lursay apparaissait grandie par sa colère. Mais en se livrant à Meilcour, elle contredit tout son digne discours, puisqu'elle se flattait précisément de ne pas lui avoir cédé. Dans le contexte du libertinage, les mots ne valent pas par leur vérité, mais par leur efficacité: Meilcour finit par comprendre qu'une femme qui clame qu'elle se refuse ne cherche qu'à se donner.

Cette jouissance finale représente le triomphe de la superficialité. Ce n'est pas par amour que Meilcour se laisse emporter. Il se rappelle «le ridicule» que Mme de Lursay a jeté sur ses craintes de petit jeune ignorant qui ne sait pas se conduire dans le monde. Il s'abandonne à «l'ivresse du dangereux moment».

Pour Michel Foucault, le roman n'avait pas d'autre but. En s'achevant sur une scène où la femme du monde déniaise le chérubin, il offre une histoire complète, celle de l'initiation galante d'un futur petit-maître qui comprend enfin les règles du jeu de son monde, grâce à la double éducation d'une femme du monde et d'un petit-maître expérimenté: «La leçon n'a pas été inutile, puisqu'elle nous vaut le récit dans sa forme et dans son ironie. Meilcour racontant l'aventure de son innocence ne la perçoit plus que dans cet éloignement où elle est déjà perdue: entre sa naïveté et la conscience imperceptiblement différente qu'il en a, tout le savoir de Versac s'est glissé, avec cet usage du monde où 'le cœur et l'esprit sont forcés de se gâter.'»[15] Au cours de son article, Foucault ne nomme pas Hortense une seule fois. On comprend pourquoi: elle n'a rien à faire dans un roman d'éducation mondaine. Le problème, c'est qu'elle est là.

5. La contradiction

Elle est encore là à la fin du roman. A peine le narrateur a-t-il découvert la jouissance sensuelle qu'il se réveille du plaisir comme d'une

---

[14] Mme de Lursay qui parvient à ses fins peut être considérée comme le seul personnage heureux à la fin du roman. Voir Jean Dagen, *Introduction à la sophistique amoureuse dans Les égarements du cœur et de l'esprit de Crébillon fils.* Paris: Champion, 1995, p. 65.

[15] Michel Foucault, «Un si cruel savoir», *Critique*, juillet 1962, p. 600.

illusion: «Sans connaître ce qui me manquait, je sentis du vide dans mon âme»(292). Cet amour qui ne se fonde pas sur un vrai désir de l'autre laisse du vide et peut même conduire à l'impuissance une fois que le premier désir est satisfait: «Ce fut en vain que je voulus me rendre mes premiers transports»(292). Aussitôt, un nom vient, dans le texte, remplir ce vide: «Hortense, cette Hortense que j'adorais, quoique je l'eusse si parfaitement oubliée, revint régner sur mon cœur»(292). Ce rappel tardif a beau être lourd d'ironie, il n'en reste pas moins que le souvenir d'Hortense vient mettre fin au plaisir superficiel et sensuel du moment. Tout en s'achevant par une scène de jouissance chez Mme de Lursay, on dirait que le roman condamne le plaisir sensuel et le plaisir de vanité qui laissent du «vide» dans l'âme.

Education sociale ou éducation sentimentale? Le roman est pris dans la contradiction entre deux interprétations radicalement opposées, exactement comme Meilcour, à la fin du roman, demeure pris dans la contradiction entre ses sentiments pour Hortense et son désir pour Mme de Lursay: «Quelques heures s'étaient écoulées dans ces contradictions, et le jour commençait à paraître, qu'il s'en fallait beaucoup que je fusse d'accord avec moi-même»(294). Loin d'être résolue à la fin du roman, la contradiction est plus forte que jamais.

La confusion extrême de sentiments dans laquelle le roman s'achève donne un argument solide à ceux qui croient le roman inachevé. Etant donné qu'il s'agit d'un récit rétrospectif, on s'attendrait à ce que le narrateur prenne position, commente la contradiction du jeune homme qu'il était, et donne le mot de la fin. Trouve-t-on une telle prise de position dans *Les égarements du cœur et de l'esprit*? Il existe un passage, dans l'avant-dernière page du roman, où Meilcour interrompt soudain son récit au passé pour s'exprimer au présent, «aujourd'hui»:

> Ce que j'en puis croire aujourd'hui, c'est que, si j'avais eu plus d'expérience, elle ne m'en aurait que plus promptement séduit, ce qu'on appelle l'usage du monde ne nous rendant plus éclairés que parce qu'il nous a plus corrompus. (...) Loin même que l'idée d'Hortense eût été bannie un moment de ma mémoire, j'aurais trouvé du plaisir à m'en occuper. (...) J'aurais sauvé mon cœur du désordre de mes sens et, par ces distinctions délicates, que l'on pourrait appeler le quiétisme de l'amour, je me serais livré à tous les charmes de l'occasion, sans pouvoir courir le risque d'être infidèle. (293)

Ce passage est le seul du roman dans lequel la contradiction de l'amour et du plaisir, du moment et de la durée, soit heureusement résolue. Il ne s'agit pas de sacrifier un sentiment à l'autre mais d'éliminer simplement la contradiction. Meilcour revendique la possibilité d'aimer un être et de jouir avec un autre tout en pensant au premier, et, par conséquent, de réconcilier la vanité et la vérité, le «désordre des sens» et «l'idée d'Hortense», en les combinant harmonieusement. Ce passage représente, en ce sens, la résolution du roman, son dénouement.

Mais ce passage n'est pas non plus la vraie conclusion du roman. Il n'est pas le dernier paragraphe, et il est écrit au conditionnel: il demeure hypothétique, puisque manquait alors à Meilcour une des conditions essentielles de cette «commode métaphysique», l'expérience que donne l'âge. On peut supposer qu'il a cette expérience au moment où il écrit ses mémoires, et que si la scène avait lieu maintenant, il échapperait à la contradiction. L'emploi du conditionnel ne permet pas de confirmer cette hypothèse. Meilcour ne décrit pas de nouvelle scène au présent. Grâce à l'emploi du conditionnel passé, Crébillon fils ne se compromet pas. Il reste dans l'ambiguïté. Le lecteur est libre d'accepter ou de juger impossible la résolution hypothétique des contradictions.

Le choix esthétique du roman demeure l'ambiguïté. Ce choix est analogue au plaisir, ou à la vanité: comme le plaisir ou la vanité, l'ambiguïté laisse du vide dans l'âme et ne permet pas de satisfaire notre désir de vérité, qui est un désir de sens.[16] La phrase finale du roman est d'une ambiguïté parfaite: «Grâce aux bienséances que Mme de Lursay observait sévèrement, elle me renvoya enfin, et je la quittais en lui promettant, malgré mes remords, de la voir le lendemain de bonne heure, très déterminé, de plus, à lui tenir parole»(295). Les mots «promettant», «déterminé» et «tenir parole», qui servent d'habitude à désigner les valeurs morales de fermeté et de fidélité à la parole donnée, signifient ici la faiblesse de la chair et l'infidélité au vrai sentiment. Le roman s'achève quand le narrateur, loin de résoudre le conflit des valeurs, glisse la contradiction jusque dans les termes, et parvient à brouiller, dans une phrase de conclusion qui n'est qu'une accumulation d'antiphrases ironiques, les catégories clairement établies jusque là.[17]

---

[16] C'est en ce sens qu'on peut dire, comme le fait Jean Dagen, que le roman de Crébillon fils représente une «épreuve» pour le lecteur. Voir Jean Dagen, *op. cit.*, p. 22.

[17] Voir Bernadette Fort, *Le Langage de l'ambiguïté dans l'œuvre de Crébillon*. Paris: Editions Klincksieck, 1978.

On peut défendre l'idée que le roman est complet, dans la mesure où il tourne parfaitement en dérision l'attente du lecteur, cette attente que le titre, la préface et l'intrigue ont construite. La dernière phrase du roman représente une moquerie, à la fois des valeurs aristocratiques d'honneur et de fidélité à la parole donnée, et des valeurs bourgeoises de constance, de bienséance, de durée, et de bon sens. Cette dernière phrase ouvre sur un lendemain qu'on imagine semblable à toutes les journées déjà décrites dans le roman, sans résolution de la contradiction entre l'amour et le plaisir, entre l'unique (Hortense) et le multiple (Madame de Lursay et ses semblables). *Les égarements du cœur et de l'esprit* sont sans fin: ils jouent à faire attendre la fin, pour finalement la suspendre. Quels sont le sens et l'enjeu de cette suspension de la fin?

6. Le sens de la fin

Si la conclusion du roman, ou plutôt son absence de conclusion, est paradoxale, c'est parce qu'elle s'abstient de privilégier la vérité par rapport à la vanité. Elle est paradoxale parce qu'elle contredit tout ce qui précède: la préface dans laquelle Crébillon décrit son projet romanesque et énonce son désir d'atteindre «le vrai», et l'intrigue. Après avoir, tout au long de l'intrigue, utilisé le personnage d'Hortense pour mettre en valeur la supériorité morale du vrai et des sentiments profonds et durables sur la frivolité et l'inconstance des désirs mondains, Crébillon se contente de constater que la «vanité», aussi fausse et superficielle soit-elle, représente un moteur aussi fort, ou peut-être même plus fort, que le vrai désir: «j'ai compris depuis (...) qu'il est bien plus important pour les femmes de flatter notre vanité que de toucher notre cœur»(113). L'absence de fin du roman, sans même dépouiller la notion de vanité de ses connotations morales, reconnaît ironiquement l'absence de consistance ontologique de l'être social.

Meilcour est pris entre deux sentiments qui alternativement l'accusent et le justifient: «Dérobé aux plaisirs par les remords, arraché aux remords par les plaisirs, je ne pouvais pas être sûr un moment de moi-même»(204). Le plaisir arrive dans le moment, dans un oubli du passé et du futur; le remords, au contraire, sorte de tressaillement de la mémoire, établit la continuité avec le passé. Le remords, sentiment moral, devrait empêcher le héros de continuer à éprouver du plaisir, c'est à dire d'oublier le passé et le futur, mais il a peu d'effet sur Meilcour, qui réussit à «perdre dans de nouveaux égarements» son sentiment de culpabilité. Remords et plaisirs se succèdent dans une alternance continuelle, sans fin, c'est-à-dire sans triomphe de l'un des sentiments sur l'autre. Cette alternance rend le plaisir et le remords équivalents dans leur rapport au temps, et indique qu'il ne peut y avoir de supériorité de valeur de l'un sur l'autre. Si les remords, signes de la souffrance et de la trahison de l'amour pour Hortense, assaillent le héros et laissent place à de nouveaux plaisirs, cela veut dire qu'ils sont aussi superficiels et légers, aussi «vains» que les plaisirs eux-mêmes, et qu'ils ne peuvent s'arroger aucune supériorité ontologique.

La différence entre le commentaire du romancier qu'est Crébillon sur la vanité et celui d'un moraliste comme La Rochefoucauld, c'est que Crébillon non seulement s'abstient de toute réprobation morale, mais aussi empêche son lecteur d'adopter la posture morale qui lui permettrait de juger, à distance, la vanité. Comment Crébillon interdit-il au lecteur cette posture morale? En le trompant: le lecteur qui attend une fin sentimentale ou morale se trouve déçu, pris au piège de sa présomption morale, de sa propre vanité métaphysique, tournée en dérision par les pirouettes ironiques du roman et son achèvement en toute bonne foi dans la plus parfaite contradiction. Les égarements conduisent, non à leur fin, mais à de nouveaux égarements: telle est la conclusion du roman, sans jugement moral.

Ce que révèle cette fin, ou cette absence de fin, c'est que la superficialité est aussi profonde que la profondeur, la profondeur aussi superficielle que la superficialité: la légèreté délibérée de Crébillon peut se lire comme la conscience même de la superficialité de la profondeur.[18] Si Crébillon établit un contraste entre la vanité et la vérité sans privilégier l'une par rapport à l'autre, s'il achève son roman dans une ironique contradiction, c'est parce que tout ce qui constitue l'apparence superficielle d'un être (la vanité, le plaisir des sens) forme cet être autant que l'être lui-même: l'être est constitué autant de couches d'apparence (ses habits, son rôle en société, son désir impulsif et momentané), que de sa vérité profonde, cette vérité qui peut remplir le «vide» de son âme. Le «vrai» que Crébillon cherche à atteindre à travers son œuvre romanesque, sans doute est-ce la révélation que la vérité n'a guère plus de poids que la vanité. Le plaisir (du moment, des sens) est peut-être moins du-

---

[18]   De là la dimension métaphysique du roman même si, comme le dit Jean Dagen, la vision psychologique que Crébillon fils a de l'homme est épurée de toute implication métaphysique. Voir Jean Dagen, *op. cit.*, p. 21.

rable et moins noble que l'amour vrai, mais il est aussi réel, et peut-être même plus réel puisqu'il appartient à la réalité du présent et non à l'abstraction de la durée.

L'on pense ici au vicomte de Valmont, dans *Les liaisons dangereuses*, écrivant sur le dos d'Emilie une lettre à Mme de Tourvel dont chaque mot à double-sens désigne à la fois sa jouissance physique actuelle et sa passion sentimentale pour Tourvel, ou dictant à Cécile de Volanges ses lettres à son amant Danceny: mais, dans *Les liaisons dangereuses*, une telle profanation du «vrai» amour par le désir des sens, une telle contamination de l'amour sentimental et spirituel par le cynisme libertin (le «quiétisme de l'amour»), un tel refus de choisir entre l'amour et la réputation libertine conduisent finalement à la mort de Valmont et à la fin dramatique du roman. Chez Crébillon, il ne se passe rien de tel: le roman s'achève dans une contradiction ironique, mais non tragique, et nous laisse imaginer la compatibilité de l'amour et du plaisir.

Doit-on dire alors que Crébillon fils est un moraliste? Ou un contre-moraliste, dans la mesure où la leçon du roman, ou plutôt son absence de leçon, son refus de dénouement dramatique, contredit les principes de la morale traditionnelle? Il est avant tout un ironiste. L'ironiste est un moraliste d'une certaine manière, mais qui se méfie de lui-même et de toute morale: il se méfie des mots, des principes, des sentiments, du dogmatisme de la raison, et même du pouvoir de l'amour. L'ironie est une «figure de pensée insaisissable.»[19] L'ironie de Crébillon fils nous met tous en cause, lecteurs-Hortense ou lecteurs-Lursay: pour pouvoir le lire, il faut avoir compris la superficialité de la profondeur, et la profondeur de la superficialité.

Ce n'est pas un hasard, donc, si Crébillon fils ne conduit pas son héros à la fin que sa préface fait anticiper. Ce n'est pas un hasard si, au lieu de donner aux public les trois dernières parties des *Egarements* qui auraient décrit le redressement moral de son héros, il écrit *Le Sopha*. Ce n'est pas un hasard s'il nous laisse en suspens, sur notre faim et notre désir de fin, dans une ambiguïté qui ne permet pas de déterminer quelle est la norme sociale, morale ou sentimentale par rapport auquel l'esprit et le cœur du héros se sont égarés. Le plaisir s'accompagne

---

[19] J'emprunte cette expression à Violaine Géraud qui étudie l'ironie dans l'œuvre de Crébillon fils. Voir Violaine Géraud, *La lettre et l'esprit de Crébillon fils*. Paris: CDU et Sédès, 1995.

d'une suspension: d'un refus de la fin qui met fin au moment de plaisir en l'intégrant dans une durée.

Ce roman inachevé est un roman parfaitement achevé, qui remplit son objet et atteint son but. Ce n'est pas de la superficialité des petits-maîtres et des coquettes que se moque ironiquement Crébillon fils par l'intermédiaire de son narrateur, ce n'est pas non plus de la mélancolie d'Hortense, c'est de nous, lecteurs bourgeois qui exigeons des fins ne laissant pas de «vide» dans notre âme. Aussi écrit-il dans sa préface qu'un auteur ne doit jamais être retenu par la crainte de ne pas plaire à ses lecteurs. Crébillon ne cherche pas à plaire mais à décevoir, à duper, à tromper son lecteur. Son ironie est dirigée contre nous, lecteurs en attente d'un dénouement où le héros aura résolu ses contradictions internes et sera «enfin rendu à lui-même.»

L'absence de fin du roman me paraît essentielle, comme l'objet même du roman. Cet objet, je l'appelle «ironie»: c'est-à-dire le pouvoir de tourner en dérision le sérieux, les valeurs, et de rejeter la morale, tout en utilisant ce sérieux et ces valeurs comme axe central du roman par rapport auquel le héros s'égare. La suspension de la fin constitue la fin même du roman de Crébillon: elle révèle que la dichotomie entre la superficialité et la profondeur est inopérante; elle montre l'impossibilité d'établir une différence qualitative entre ces deux valeurs, comme l'une étant supérieure à l'autre d'un point de vue moral, psychologique ou ontologique.

III
1748
THÉRÈSE, OU LA RAISON

Thérèse philosophe est, avec *Dom Bougre ou le portier des Chartreux*, le roman pornographique le plus célèbre du XVIIIe siècle.[1] Une jeune fille, Thérèse, y raconte son éducation sexuelle et philosophique de son enfance à son union libre et heureuse avec le comte, destinataire de son récit. «Quoi, Monsieur, sérieusement vous voulez que j'écrive mon histoire, (...) vous demandez d'une fille qui n'a jamais écrit des détails qui exigent de l'ordre dans les matières? Vous désirez un tableau où les scènes (...) ne perdent rien de leur lascivité?»[2] Si Thérèse entreprend ce travail «au-dessus de (ses) forces», ce n'est pas simplement pour satisfaire le désir voyeuriste de son amant; c'est au nom de la vérité, afin de propager le «raisonnement» qui a fait son bonheur:

> Mais si l'exemple, dites-vous, et le raisonnement ont fait votre bonheur, pourquoi ne pas tâcher à contribuer à celui des autres par les mêmes voies, par l'exemple et par le raisonnement? Pourquoi craindre d'écrire des vérités utiles au bien de la société? Eh bien! mon cher bienfaiteur, je ne résiste plus. (39)

---

[1] Il va sans dire, en dehors des romans de Sade. Ce sont aussi les deux textes le plus souvent cités dans les autres romans érotiques ou pornographiques du siècle. *Le portier des Chartreux* est cité dans *Thérèse philosophe* et l'*Histoire de Juliette* de Sade, et *Thérèse philosophe* dans *Monsieur Nicolas* de Restif, *Felicia ou mes fredaines* de Nerciat, *Lucette ou les progrès du libertinage*, l'*Histoire de Juliette* et *Monsieur Nicolas*. Voir Michel Delon, «La réflexivité du roman libertin,» in *Offene Gefüge-Literatursystem und Lebenswirklichkeit*. Tübingen: Gunter Narr Verlag, 1994, p. 75-89.

[2] *Thérèse Philosophe* (1748). *Œuvres anonymes du XVIIIe siècle*, III. *L'Enfer de la Bibliothèque Nationale*, 5. Paris: Fayard, 1986.

Le roman pornographique est une invention des Lumières: c'est au XVIIIe siècle, en France, que le genre se développe.[3] Avant, il n'existait que quelques rares textes *pornographiques*: les textes de l'Arétin au XVIe siècle en Italie, les œuvres de Brantôme au XVIe siècle en France, les romans de Chorier à la fin du XVIIe siècle en France. Qu'est-ce que explique l'explosion du genre à l'âge des Lumières? Ce sont précisément les Lumières. La pornographie au XVIIIe siècle participe à part entière au projet des Lumières, qui vise à «dévoiler la vérité» et à lutter contre les préjugés et l'obscurantisme. Le titre du roman *Thérèse philosophe* en témoigne: l'héroïne du roman pornographique est une philosophe. La description d'actes sexuels alterne avec des discours prononcés par les différents personnages, qui s'inspirent fortement des philosophes matérialistes contemporains, en particulier du *Traité de la liberté* de Fontenelle, paru en 1743 dans les *Nouvelles libertés de penser*.[4] Certaines pages sont même simplement recopiées sur un pamphlet anonymement publié en 1745 et qui n'a rien de pornographique, *Examen de la religion dont on cherche l'éclaircissement de bonne foi*.[5] Le procédé est courant au XVIIIe où la notion de plagiat n'existe pas encore, et Sade en use abondamment dans ses romans à la fin du siècle. L'histoire de Thérèse s'ouvre par des «réflexions de Thérèse sur l'origine des passions humaines» et s'achève sur une «curieuse réflexion de Thérèse pour prouver que les principes renfermés dans son livre doivent contribuer au bonheur des humains.»

Le but de tout roman pornographique qui se respecte, c'est d'*émouvoir* son lecteur ou sa lectrice au point de lui faire abandonner sa lecture pour se livrer à des activités plus concrètes, comme le rappelle Jean-Marie Goulemot dans *Ces livres qu'on ne lit que d'une main*.[6]

---

[3] Voir Lynn Hunt, editeur, *The Invention of Pornography: Obscenity and the Origin of Modernity, 1500-1800*. New York: Zone Books, 1993.

[4] Voir Raymond Trousson, introduction à *Thérèse philosophe*, dans *Romans libertins du XVIIIe siècle*. Paris: Laffont, 1993, p. 559-573, p. 564.

[5] Voir Robert Darnton, *The Forbidden Best-Sellers of Pre-Revolutionary France*. New York: W.W. Norton and Company, 1995.

[6] Voir Jean-Marie Goulemot, *Ces livres qu'on ne lit que d'une main. Lecture et lecteurs du livre pornographique au XVIIIe siècle*. Aix-en-Provence: Editions Alinea, 1991. Edition revue et corrigée, Paris: Minerve, 1994. Le titre même de son livre vient d'une phrase de Rousseau dans ses *Confessions*: «J'avais plus de trente ans avant que j'eusse jeté les yeux sur aucun de ces dangeureux livres qu'une belle dame de par le monde trouve incommodes, en ce qu'on ne peut, dit-elle, les lire que d'une

Comment un roman pornographique peut-il en même temps se prétendre utile à la société et même à l'humanité? La fonction du discours philosophique dans le roman pornographique, n'est-ce pas simplement, comme le dit Barthes dans *Le plaisir du texte*, celle du vêtement qui dissimule la peau pour la rendre plus érotique?[7] Il y a de bonnes chances que le lecteur saute ces passages moralisateurs pour s'en tenir à ce qui l'intéresse, la description des actes. Est-il alors possible de parler d'une «pornographie éclairée»? La pornographie peut-elle vraiment prétendre nous apprendre quelque chose et nous rendre plus raisonnables? Quelle est la place de la raison dans le roman pornographique des Lumières?

1. L'attaque contre l'Eglise

Le premier ennemi de la raison et le premier héros du roman pornographique au dix-huitième siècle, c'est l'Eglise.[8] Sous des anagrammes transparents, le sous-titre de *Thérèse philosophe*, «Mémoires pour servir à l'histoire du Père Dirrag et de Mademoiselle Eradice», fait allusion à un scandale qui avait éclaté à Toulon en 1731 et qui avait donné lieu à un procès retentissant, encore frais dans les mémoires quinze ans plus tard à l'époque de la publication du roman: une jeune dévote, Catherine Cadière, avait accusé son confesseur, le père Girard, de l'avoir séduite.[9]

Dans *Thérèse philosophe*, l'attaque contre l'Eglise commence avec la naissance de l'héroïne. La mère de Thérèse, qui vivait heureuse depuis dix ans entre son mari et son amant, a souffert une rupture dans

---

main.» Voir Jean-Jacques Rousseau, *Les confessions*. Paris: Gallimard, bibliothèque de la Pléiade, I, 1959, p. 39.

[7]   Roland Barthes, *Le plaisir du texte*. Paris: Seuil, 1973, p. 13.

[8]   En témoigne le grand nombre de titres où l'on trouve le mot «religieuses», «moine» ou «nonne». Entre autres: *Le Portier des Chartreux* (1741), *La Religieuse en chemise*, *Le Triomphe des Religieuses ou les Nonnes babillardes* (1748), *Lettres galantes et philosophiques de deux nonnes* (1797). La prouesse sexuelle du moine et en particulier du Carme est une légende satirique au XVIIIᵉ siècle, comme le montre l'expression «bander comme un Carme» que l'on trouve dans de nombreux textes pornographiques et à profusion dans l'œuvre de Sade, où les religieux, du moine Claude au pape Pie VI, jouent un rôle de la plus grande importance.

[9]   Voir Philippe Roger, «Au bonheur des dames sensées», introduction à *Thérèse philosophe*, *Œuvres anonymes du XVIIIᵉ siècle*, III. *L'Enfer de la Bibliothèque Nationale*, 5. Paris: Fayard, 1986; et Raymond Trousson, *op. cit.*, p. 559-561.

l'accouchement qui la contraint «à renoncer pour toujours aux plaisirs» de la chair:

> Tout changea de face dans la maison paternelle. Ma mère devint dévote, le Père Gardien des capucins remplaça les visites assidues de M. le Marquis de..., qui fut congédié. Le fond de tendresse de ma mère ne fit que changer d'objet: elle donna à Dieu par nécessité ce qu'elle avait donné au marquis par goût et par tempérament. (41-42)

On reconnaît un argument cliché des philosophes matérialistes contre la religion: les femmes galantes deviennent dévotes dans un âge avancé et substituent la religion à des plaisirs naturels qu'elles ne peuvent plus goûter.[10]

Ces plaisirs naturels, Thérèse les découvre instinctivement dans sa petite enfance. A sept ans, elle se caresse chaque nuit dans son sommeil. Le jour, elle joue avec de petits enfants de son âge: les enfants se montrent leurs «petits culs» et se les fouettent tour à tour, et les petites filles jouent avec «la guigui» des garçons, en font des poupées et baisent «ce petit instrument.» Ce qui vient corrompre l'innocence de ces jeux d'enfant, c'est un regard d'adulte, celui de la mère dévote, et, à travers lui, celui du confesseur: «Je lui répondis en pleurant que (...) je ne savais pas ce qu'elle voulait me dire par les termes d'*attouchement*, d'*impudicité*, de *péché mortel*, dont elle se servait»(45). La notion de mal fait son entrée dans le texte avec ces mots de la mère, dont l'italique utilisé par la narratrice souligne qu'il s'agit de mots qui n'appartiennent pas en propre à mère, mais sont empruntés à son confesseur.

Thérèse philosophe multiplie les attaques contre la religion catholique: attaque contre la dévotion, contre le rituel de la confession qui transforme en voyeur le prêtre exigeant des «détails», contre l'interdit

---

[10]   Voir, dans l'*Encyclopédie* de Diderot et d'Alembert, l'article «Femmes» écrit par Desmahis, VI, 1956: «Chloé cesse de plaire, et ne veut point cesser d'aimer; elle veut toujours paraître, et personne ne veut se montrer avec elle. Dans cette position, la vie est un sommeil inquiet et pénible, un accablement profond, mêlé d'agitations; elle n'a guère que l'alternative du bel-esprit ou de la dévotion. La véritable dévotion est l'asile le plus sûr pour les femmes galantes; mais il en est peu qui puissent passer de l'amour des hommes à l'amour de Dieu; il en est peu qui, pleurant de regret, sachent se persuader que c'est de repentir; il en est peu même, qui après avoir affiché le vice, puissent se déterminer à feindre du moins la vertu.»

de la chair et, pour commencer, celui concernant la masturbation. Au dix-huitième siècle, l'idée est répandue que la masturbation nuit à la santé.[11] Si Thérèse enfant attire l'attention de sa mère, c'est parce que sa pratique spontanée des plaisirs nocturnes affaiblit sa santé: «Ma vivacité se perdait, mes jambes pouvaient à peine me porter»(42). Le risque, c'est de retrouver la nature alliée à la religion: il serait raisonnable d'interdire le plaisir à partir du moment où celui-ci nuit à la santé. Aussitôt le roman pornographique contre-attaque: il est beaucoup plus dangereux pour la santé de s'empêcher de jouir: «Je tombai enfin dans un état de langueur qui me conduisait visiblement au tombeau, lorsque ma mère me retira du couvent»(49-50). C'est au nom de la santé que le roman recommande la masturbation: «La dévotion allait me rendre homicide de moi-même. (...) Cette liqueur divine qui nous procure le seul plaisir physique (...) avait reflué des vaisseaux qui lui sont propres dans d'autres qui lui étaient étrangers, ce qui avait jeté le désordre dans toute la machine»(54).

Le roman pornographique n'attaque pas seulement l'interdit proféré par la religion catholique: il s'en prend au discours qui énonce cet interdit. Il s'empare du discours du prêtre pour l'utiliser à des fins érotiques.

> Ne portez jamais, me dit-il, la main ni même les yeux sur cette partie infâme par laquelle vous pissez, qui n'est autre chose que la pomme qui a séduit Adam (...). Elle est habitée par le démon. (...) Gardez-vous (...) de ce morceau de chair des jeunes garçons de votre âge (...): c'est le serpent, ma fille, qui tenta Eve, notre mère commune. Que vos regards et vos attouchements ne soient jamais souillés par cette vilaine bête, elle vous piquerait et vous dévorerait infailliblement tôt ou tard. (47-48)

Dans ce discours du confesseur de Thérèse, on retrouve la métaphore biblique la plus commune dans l'imaginaire populaire, celle de la pomme et du serpent. La métaphore ne s'adresse pas à la raison mais à l'imagination: elle cherche à effrayer, non à expliquer. C'est sur l'imagination qu'agit le mythe chrétien de l'enfer et du paradis. A travers l'image de la pomme et du serpent, le prêtre tente d'inspirer deux

---

[11] Jean-Jacques Rousseau mentionne cette notion médicale du XVIIIe siècle dans ses *Confessions* et attribue aussi à ses pratiques impures le délabrement de sa santé.

sentiments à Thérèse: la peur de l'autre sexe et le dégoût de son propre sexe.

Mais c'est précisément l'usage de la métaphore qui rend l'interdit érotique. Effrayée par le discours du prêtre qui représente «la guigui» des petits garçons comme un vilain serpent, Thérèse riposte: «Il m'a paru si doux! il n'a mordu aucune de mes compagnes. Je vous assure qu'il n'avait qu'une très petite bouche et point de dents, je l'ai bien vu»(48). L'innocence de Thérèse oblige le confesseur à développer l'image:

> Les serpents que vous avez eu la témérité de toucher étaient encore trop jeunes, trop petits (…). Mais ils s'allongeront, ils grossiront, ils s'élanceront contre vous: c'est alors que vous devez redouter l'effet du venin qu'ils ont coutume de darder avec une sorte de fureur…(48)

Le discours du prêtre a un effet immédiat: le lecteur a l'impression de voir ce «serpent» et même de le toucher dans l'état de désir le plus enflammé. Si le texte pornographique a une intuition, c'est celle-ci: la répulsion est le signe même du désir. Preuve en est l'effet de ce discours sur Thérèse: dès qu'elle se retrouve seule, elle oublie la peur que le prêtre a voulu lui inspirer pour se rappeler seulement l'«aimable serpent»: «Ce serpent charmant se peignait sans cesse dans mon âme (…). Quelquefois, tout émue, je croyais y porter la main, je le caressais, j'admirais son air noble, altier, sa fermeté, quoique j'en ignorasse encore l'usage»(49). A travers le pouvoir fantasmatique de l'image, l'interdit chrétien se retourne contre lui-même et invite naturellement à la transgression: il produit du plaisir. *Thérèse philosophe* révèle ironiquement l'effet «pervers» du discours catholique, ou l'équivalence de l'interdit et du désir.

Pour parfaire l'attaque contre la religion catholique, il faut montrer que le vice se trouve à la source: le discours métaphorique des prêtres ne vise pas seulement à détourner les jeunes filles des plaisirs naturels mais aussi à préserver leur ignorance afin d'en abuser. Le récit nous conduit à l'épisode d'Eradice et du père Dirrag, le plus anti-catholique, le plus drôle et le plus excitant du roman. Thérèse a vingt-trois ans et vient de sortir du couvent, aussi innocente que lorsqu'elle y est entrée. Son seul désir est de devenir sainte. Elle est jalouse de son amie Eradice qui lui déclare, sous le sceau du secret, se faire sanctifier par son confesseur, le père Dirrag. Une telle opération est difficile à croire.

Eradice lui propose de se cacher dans un petit cabinet et d'assister à une séance de sanctification.

Un trou dans le mur, large comme une main, permet à Thérèse de voir comment le père Dirrag «sanctifie» Eradice par l'intromission en elle d'une sainte relique, un morceau de la ceinture de Saint-François. Thérèse décrit ce spectacle étonnant avec une extrême précision de détail:

> Je vis qu'environ la longueur d'un travers de pouce du saint-instrument fut constamment réservée au dehors (...). Je vis qu'à chaque mouvement (...), les lèvres de la partie d'Eradice (...) paraissaient d'un incarnat si vif qu'il charmait la vue. Je vis que (...) ces mêmes lèvres, dont on ne voyait plus alors que le petit poil noir qui les couvrait, serraient si exactement la flèche... (68)

Le plaisir du texte vient du contraste entre les actes sexuels précisément décrits par Thérèse et le discours spirituel du prêtre: «C'est en oubliant le corps qu'on parvient à s'unir à Dieu, à devenir sainte, à opérer des miracles»(58). Le père Dirrag est un protagoniste parfait du roman pornographique non parce qu'il jouit d'Eradice mais parce qu'il l'abuse en dissimulant son vice sous un discours religieux et en nommant son sexe «le cordon de Saint-François.» La dénonciation de l'hypocrisie du langage religieux atteint son point culminant au moment de la jouissance, quand la passive Eradice, purifiée par le «saint cordon» que le père Dirrag a introduit à l'intérieur de son corps, parle pour la première fois: «Chassez, mon Père, chassez tout ce qui reste d'impur au-dedans de moi. Je vois... les... an... ges. Poussez plus avant... poussez donc... Ah!... Ah!... bon... Saint-François! (...) Je me meurs!»(69)

Dans toute la première partie du roman, *Thérèse philosophe* fait d'une pierre deux coups: il nourrit le voyeurisme de ses lecteurs et il dévoile la «vérité» en dénonçant l'hypocrisie du discours catholique. Thérèse n'a pas besoin de comprendre le sens de la scène de «sanctification» pour en subir l'effet. De retour dans sa chambre, elle trouve instinctivement le chemin du plaisir: «L'entrée de ce membre rubicond dans la partie de Mademoiselle Eradice ne pouvait sortir de mon imagination (...). Machinalement je me plaçai dans la même attitude où j'avais vu Eradice, et machinalement encore, (...) je me coulai sur le ventre jusqu'à la colonne du pied du lit, laquelle (...) servit d'appui à la partie où je sentais une démangeaison inconcevable...»(76) Le frotte-

ment «machinal» contre la colonne de son lit meurtrit ses parties intimes: «la partie qui avait frotté le long de la colonne, ainsi que
l'intérieur du haut de mes cuisses qui l'avait embrassée, me faisaient un
mal cruel»(77). Cette douleur attire sur Thérèse l'attention de Mme C.,
amie de sa mère: elle interroge Thérèse, lui apprend à «soulager la
douleur (...) en bassinant avec du vin chaud les parties qui avaient été
meurtries»(81), et s'inquiète de ses «pauvres petites parties affli-
gées»(83). Ce souci médical conduit à la seconde partie du roman,
l'éducation philosophique de Thérèse par un ami de Mme C., l'abbé
T..., qui révèle à Thérèse la nature de ses démangeaisons et lui livre les
moyens de les apaiser sans douleur et sans danger.

2. Les leçons de l'abbé T...

Le discours de l'abbé T... confirme ce que le lecteur a pu comprendre lors du premier épisode: l'ignorance des filles et l'abus qu'en font
les prêtres peuvent conduire à des conséquences autrement plus graves
qu'une simple inflammation des parties intimes. L'abbé T..., prêtre
éclairé qui croit aux vertus de l'éducation, explique à Thérèse le danger
que le père Dirrag a fait courir à Eradice en risquant de la rendre en-
ceinte et de ruiner sa réputation. L'entrée en scène de l'abbé T... dans
le roman marque le début d'un nouveau type de discours, un discours
matérialiste, concret, sans métaphore. On sort du fantasme pour découvrir une explication simple et claire de ce que l'abbé T... nomme «la
mécanique de la fabrique du genre humain», où les parties sexuelles
sont nommées par leur nom, c'est à dire par leur fonction naturelle, et
non par les sentiments de dégoût ou de désir qu'elles éveillent en
l'homme à travers la représentation de l'interdit. L'abbé T. nomme le
sexe masculin, qui était jusqu'ici le «serpent» ou le «trait enflammé», «le
membre naturel de l'homme, qui sert à la génération», et le sexe féminin «la partie naturelle»(85). Il apprend à Thérèse que le plaisir sexuel
est une chose naturelle, mais que la pénétration peut compromettre ou
ruiner la santé et la réputation des filles: la santé, parce que la grossesse
est dangereuse au XVIIIe siècle et que l'accouchement risque de provoquer la mort de la mère; la réputation, parce que l'homme est un être
social et qu'il est donc forcé de respecter les préjugés de la société dans
laquelle il vit, qui, en Occident, préconisent la virginité des filles avant
le mariage.

Le discours de l'abbé T..., «ce sensé directeur», est un vrai discours des Lumières, discours modéré qui analyse et déconstruit rationnellement l'interdit afin d'expliquer les raisons pratiques pour lesquelles il doit être respecté.[12] L'abbé T... invite Thérèse à se procurer du plaisir, car cette pratique solitaire est un «remède» propre à rétablir sa santé chancelante, mais il lui recommande de ne pas se laisser pénétrer avant le mariage, et de ne introduire son doigt dans l'ouverture de son sexe, pour ne pas détruire l'hymen qui est le garant de sa virginité et donc de sa réputation dans une société pleine de préjugés: «Il n'y a nul inconvénient à vous servir de votre main, de votre doigt, pour soulager cette partie par le frottement qui lui est alors nécessaire. Je vous défends cependant expressément d'introduire votre doigt dans l'intérieur de l'ouverture qui s'y trouve»(85). C'est après avoir écouté le discours rationnel de l'abbé T... que Thérèse, élève docile et appliquée, s'attache à «examiner attentivement cette partie qui nous fait femmes»(87) et découvre alors «en remontant le long de la fente, une petite éminence» qui lui cause un tressaillement, et dont le frottement lui permet ensuite, pendant six mois, de nager dans un torrent de volupté.

Le roman, jusque là, harmonise heureusement le plaisir du voyeurisme et la pédagogie des Lumières. Chaque scène de voyeurisme a démasqué l'hypocrisie des interdits catholiques et révélé que l'interdit ne sert, en fin de compte, qu'à accroître le plaisir des sens en produisant des fantasmes. Chacune des scènes pornographiques a à la fois donné du plaisir à Thérèse et lui a enseigné quelque chose: un savoir pratique sur son corps et sur les moyens de se procurer du plaisir, et un savoir philosophique sur l'hypocrisie sociale et religieuse et la nécessité du plaisir. Grâce aux leçons de l'abbé T..., Thérèse apprend à se connaître: elle comprend le fonctionnement de son corps et les moyens de satisfaire ses besoins tout en restant maîtresse d'elle-même, de sa santé et de sa réputation.

Mais *Thérèse philosophe* est un roman pornographique, non un traité d'éducation des femmes. Le but du roman pornographique n'est pas seulement de dévoiler la vérité, de démasquer l'hypocrisie, et d'éclairer; s'il éclaire, ce sont surtout les parties intimes sur lesquelles il projette sa lumière, et son premier but est de plaire au lecteur, ou,

---

[12] Sur le rôle du modèle pédagogique dans le roman pornographique des Lumières, voir Peter Cryle, «Toward the Learner-Centered Boudoir» in *Geometry in the Boudoir: Configurations of French Erotic Narrative*. Ithaca: Cornell University Press, 1994, p. 71-91.

plus exactement, de l'exciter sexuellement. Le roman pornographique se nourrit d'obstacles: le plaisir du texte vient de la transgression des interdits. Si le roman pornographique profère un interdit, on se doute que cet interdit a une fonction: produire l'attente narrative de sa transgression. L'abbé T... a formulé un interdit: «Je vous défends cependant expressément d'introduire votre doigt...» Dans le contexte du roman pornographique, la puissance érotique de l'interdit compte davantage que sa légitimité rationnelle. Cet interdit s'accompagne d'un second: la nécessité de cacher à Thérèse des raisonnements qu'elle n'est pas en âge de comprendre. Cette restriction éveille aussitôt la curiosité de Thérèse: «Je résolus de tout tenter pour être instruite de ce que l'on voulait me cacher»(88). Le désir de savoir éveillé par l'abbé T... conduit au besoin de tout savoir, et à de nouvelles scènes de voyeurisme.

L'homme dont Thérèse surprend les leçons intimes à Mme C. n'est plus le «sensé» abbé des Lumières qui prêche la maîtrise de soi. C'est un homme qui désire, qui veut jouir, et qui, dans son désir, n'hésite pas à contredire ses leçons philosophiques. L'abbé cherche à convaincre Mme C. de se laisser pénétrer, alors qu'il a auparavant démontré à Thérèse le risque qui découle d'un tel acte. Le langage de l'abbé T... change et mêle maintenant les métaphores aux termes scientifiques: «Le sang, les esprits, le nerf érecteur ont enflé et roidi son dard. (...) La flèche de l'amant est poussée dans le carquois de sa maîtresse»(95). La perte de contrôle produite par le désir se perçoit à travers l'irruption de la métaphore. L'image du «dard» ou de la «flèche» n'est pas neutre comme celle du «membre naturel de l'homme qui sert à la génération», mais contient un contenu affectif, un fantasme agressif qui est la voix même du désir. L'abbé T... reconnaît lui-même sa contradiction après le plaisir et donne raison à Mme C.:

> En vérité, dit-il, toute réflexion faite je crois, ma bonne amie, que vous avez eu raison de me refuser la jouissance que je vous demandais. J'ai senti un plaisir si vif, un chatouillement si puissant, que je pense que tout eût coulé à travers choux si vous m'eussiez laissé faire. Il faut reconnaître que nous sommes des animaux bien faibles et bien peu maîtres de diriger nos volontés. (97)

On pourrait dire que, face à ce glissement de l'abbé dans le plaisir, c'est Mme C. qui incarne la raison, c'est à dire la faculté qui permet à l'homme de connaître, de juger et d'agir conformément à des principes. Elle oppose à l'abbé T... un non ferme et trouve d'autres moyens pour mettre «ce petit effronté à la raison.» Mme C. semble incarner l'idéal des Lumières, car elle se montre à la fois raisonnable et tolérante; en personnalisant le sexe de l'abbé T... qu'elle nomme «ce petit effronté», elle accepte d'entrer dans le fantasme de son ami; et les mots «mettre à la raison», tout en suggérant la jouissance que Mme C. procure à l'abbé, indiquent que Mme C. garde le contrôle de la situation.

Mais la scène suivante surprise par Thérèse renverse le rapport de force entre les protagonistes: cette fois-ci, c'est Mme C. qui demande et l'abbé T... qui résiste. Mme C., qui a failli mourir dans un accouchement, oublie soudain ses principes et son propre intérêt à cause d'une lecture qu'elle vient de faire: «La lecture de ton vilain *Portier des Chartreux* m'a mise toute en feu. (...) Mets-le-moi aujourd'hui, l'abbé, je t'en conjure, ajouta-t-elle, j'en meurs d'envie, et je consens d'en risquer l'événement»(102). Face à Mme C. qui s'offre, l'abbé T... incarne la voix de la raison et rappelle à Mme C. les motifs qui doivent raisonnablement la retenir: «Je vous aime et...je suis trop honnête homme pour risquer votre réputation et vos justes reproches par cette imprudence»(102). Est-ce ici la voix des Lumières qui parle, le souci de l'autre et la prudence éclairée que l'abbé recommandait à Thérèse? Mais l'abbé donne bientôt un second motif à son refus: «Monsieur de docteur n'est pas aujourd'hui, comme vous voyez, dans son brillant, je ne suis pas Gascon, et...»(103) Il se fait alors interrompre par Mme C.: «Je le vois à merveille (...), cette dernière raison est si énergique que vous eussiez pu en vérité vous dispenser de la première»(103).

Ce qui se joue ici dans ce petit échange entre Mme C. et l'abbé T... et dans ce double renversement des rôles est important: alors que l'abbé T... voulait pénétrer Mme C., on avait vu cette dernière résister au nom de son propre intérêt raisonnable; il suffit de la lecture d'un roman pornographique et Mme C. oublie la raison, face à l'abbé T... qui reprend alors son rôle de prêcheur raisonnable. Mais s'il ne prend pas Mme C. qui s'offre, c'est, apprend-on, parce que son «docteur» n'est pas «dans son brillant». Le verbe «voir» utilisé deux fois, par l'abbé T... et Mme C. («comme vous voyez», «Je le vois à merveille») concentre maintenant le regard du lecteur sur le sexe de l'abbé T... dans un état peu brillant, incapable de satisfaire le désir de Mme C. alors que ce même désir, la veille, était le sien. Mme C. nomme ironiquement cet état d'impuissance une «raison énergique»; il faut donner ici au mot «énergie» son sens aristotélicien, c'est à dire, véritablement, «en acte.»[13] La raison en acte, ce qui commande les actions de l'abbé, c'est son impuissance: l'état du sexe est une raison plus forte que n'importe quelle raison. La raison, les beaux principes raisonnables de l'abbé T..., ne sont finalement qu'un masque visant à couvrir la seule vraie raison, son impuissance. Ici, pour la première fois, le roman pornographique se moque de la raison raisonnante.

La défaite du raisonnement apparaît encore plus clairement dans l'effet de la scène sur Thérèse:

> Je devins machinalement le singe de ce que je voyais, ma main faisait l'office de celle de l'abbé, j'imitais tous les mouvements de mon abbé. (...) Toujours parfaite imitatrice de ce que je voyais, sans réfléchir à la défense de mon directeur, j'enfonçais mon doigt à mon tour. (104)

Il n'y a pas d'interdit, même rationnellement justifié, qui tienne contre l'instant du plaisir. Le cri de plaisir de Mme C., «Je... me... pâme!», identique à celui d'Eradice, se révèle plus efficace que toutes les leçons de l'abbé T...: Thérèse en oublie son propre intérêt, le souci de sa réputation, et même la légère douleur qu'elle ressent, pour atteindre «machinalement» la volupté exactement comme dans l'épisode précédent, celui du père Dirrag: comme le dit le philosophe La Mettrie qui publie un scandaleux traité, *L'Homme-machine*, un an avant *Thérèse philosophe*, le plaisir prouve que l'homme n'est qu'une machine.[14]

L'épisode de l'abbé T... est le plus philosophique de tout le roman, car on y entend l'abbé T... développer les principes de la philosophie matérialiste pour éclairer l'esprit de son élève avancé, Mme C. Il définit le ridicule de la jalousie (91-92), il donne des «instructions pour les femmes, les filles et les hommes qui veulent se pousser sans danger à travers les écueils des plaisirs»(93-95), il «prouve que les plaisirs de la petite oie sont licites à tous égards»(96-98), il donne une «définition de

---

[13] Voir Michel Delon, *L'idée d'énergie au siècle des Lumières*, Paris, PUF, 1988.

[14] Le médecin et philosophe matérialiste Julien Orfray de La Mettrie, né à Saint-Malo en 1709, a publié en 1745 *Histoire naturelle de l'âme*, plus tard intitulé *Traité de l'âme*, un traité matérialiste basé sur des observations médicales, condamné à être brûlé par le Parlement de Paris le 9 juillet 1746. La Mettrie s'est enfui à Leyde où il a publié *L'Homme machine* en 1747. L'essai a provoqué un scandale immense; La Mettrie a trouvé refuge à la cour de Frédéric II à Berlin, où il est mort «en philosophe» (dixit Voltaire) d'une indigestion le 11 novembre 1751.

ce qu'on doit entendre par le mot de nature»(98-99), il explique «pourquoi les méchants doivent être punis»(100), il fait l'«examen des religions par les lumières naturelles»(107-112), il compare la vie de l'homme à un coup de dés (113-114), et il explique pourquoi ces lumières ne doivent pas être communiquées au public (115). Toute la philosophie du roman, tous les arguments déterministes que répète Thérèse du début à la fin, se trouvent dans les discours de l'abbé T... On apprend que ses pensées sont «le fruit de vingt années de travail, de veilles et de méditations»(114). Cette philosophie ne peut pas être démocratique parce que très peu de gens savent penser, et qu'une telle manière de raisonner serait dangereuse pour des hommes qui ne comprennent pas que seul le bonheur d'autrui fait leur bonheur: les religions se révèlent donc un mal nécessaire pour préserver l'ordre de la société. Mais si l'abbé T... n'est pas démocrate, on peut dire qu'il est féministe avant la lettre: son souci du plaisir des femmes est frappant, et rare dans un texte pornographique. L'abbé T... dit qu'il ne peut pas raisonner bien quand il sent «l'aiguillon de la chair (le) tracasser», et qu'il lui faut donc «une petite fille *ad hoc* comme on a un pot de chambre pour pisser»(93). Il recommande l'usage de la petite fille à «tout homme de lettres, tout homme de cabinet.» Cette comparaison entre une «petite fille» et un «pot de chambre» semblera plutôt choquante au lecteur d'aujourd'hui, d'autant que la réversibilité est impossible: on ne voit pas une femme satisfaire son besoin naturel de jouir en utilisant des «petits garçons» comme des pots de chambre. Mais cette objection qui vient aussitôt à l'esprit du lecteur contemporain est formulée par l'abbé T...:

> Présentement vous me demanderez peut-être, madame, (...) comment doivent donc faire les femmes et les filles. Elles ont, dites-vous, leurs besoins comme les hommes, elles sont de même pâte, cependant elles ne peuvent se servir des mêmes ressources: le point d'honneur, la crainte d'un indiscret, d'un maladroit, d'un faiseur d'enfant, ne leur permet pas d'avoir recours au même remède que les hommes. D'ailleurs, ajouterez-vous, où en trouver de ces hommes tout prêts comme l'était votre petite fille *ad hoc*? (94)

C'est alors, répondant à l'objection qu'il pose lui-même puisque Mme C. n'a pas intervenu, que l'abbé T. recommande aux femmes la masturbation et l'usage du godemiché, comme «une imitation assez naturelle de la réalité», et, au surplus, l'usage de l'imagination, c'est à dire du fantasme.

Ce discours de l'abbé T... permet de parler d'une pornographie éclairée: un roman pornographique qui joint les principes aux actions et délivre des conseils aux femmes comme aux hommes pour lutter contre les préjugés, accroître la connaissance et avec elle le bien de l'humanité, semble véritablement participer au projet même des Lumières. Mais c'est aussi à travers l'épisode de l'abbé T... qu'une contradiction se fait jour entre la pornographie et les Lumières. Dans l'épisode de l'abbé T..., la formulation d'une défense rationnelle apparaît comme l'obstacle qui permet de rendre le texte excitant: la raison sert d'excitant. La raison, comme auparavant l'interdit catholique, devient le discours qui doit être transgressé. Ce ne sont pas les leçons philosophiques de l'abbé T... qui rendent le texte plaisant, mais les scènes de voyeurisme qui révèlent la contradiction entre les principes rationnels et le désir. L'épisode de l'abbé T..., qui contient la philosophie des Lumières, est aussi celui qui met en cause le pouvoir de la raison, en montrant que la raison même n'est en fin de compte que l'effet du désir ou de son absence, comme le dit la philosophe Thérèse en commentant l'aventure d'Eradice et du père Dirrag: «Mais quelque côté qu'il choisisse, ce sera toujours une raison, un désir qui le décidera invinciblement à prendre l'un ou l'autre parti qui contiendra sa volonté»(52). La juxtaposition des mots «désir» et «raison» indique leur équivalence: le désir est une raison, et la raison n'est le plus souvent qu'une manière de justifier le désir, ou son absence.

En dépit de toute sa philosophie, l'abbé T... semble en fin de compte, pour les besoins du roman pornographique, ne guère valoir mieux que le Père Dirrag: c'est parce que ses actes ne correspondent pas à ses discours qu'il fait un possible héros de roman pornographique. De cette contradiction entre le discours et les actes s'esquisse, au cours du second épisode, une représentation de la sexualité masculine qui va être développée au cours de l'épisode qui suit, celui de la Bois-Laurier.

3. Le rire de la Bois-Laurier

Ce troisième épisode est si différent des deux précédents qu'on a souvent pensé qu'il avait été intercalé et qu'il n'avait pas vraiment sa place dans *Thérèse philosophe*.[15] Le récit de la Bois-Laurier rompt avec le ton des deux autres où Thérèse était la narratrice pour ressembler à une sorte de catalogue des goûts sexuels: la Bois-Laurier, ancienne prostituée que Thérèse rencontre à Paris après la mort de sa mère, raconte des anecdotes mettant en scène des personnages qui ne jouent aucun rôle dans l'éducation sexuelle et philosophique de Thérèse.[16]

Ce troisième épisode est un épisode entre femmes. La scène saphique est un stéréotype du roman pornographique au XVIIIᵉ siècle, comme si la représentation de deux femmes faisant l'amour était le fantasme masculin par excellence, celui d'un plaisir dont l'homme est exclu mais qu'il contrôle par le regard. Cet épisode sert-il à satisfaire le fantasme voyeuriste du destinataire du récit, le comte? *Thérèse philosophe* n'échappe pas au stéréotype, puisque Thérèse et la Bois-Laurier partagent une intimité physique: «Dès que nous fûmes au lit, nos folies prirent la place du raisonnement»(170). Mais le texte ne décrit pas ce qui se passe entre les deux femmes: leurs «folies» restent dans un silence discret. De même, on apprend au cours de cet épisode que Thérèse, pour la première fois, occupe la position du maître et enseigne à la Bois-Laurier les principes de la philosophie matérialiste: «Elle ne fut pas peu surprise de mes lumières dans la morale, la métaphysique et la religion. (…) 'Tu viens de me dessiller les yeux sur des mystères qui faisaient tout le malheur de ma vie.'»(127) Mais au cours de cet épisode, on n'entend pas Thérèse raisonner; ses leçons comptent surtout par leur effet, qui est de provoquer les confidences de la Bois-Laurier: «Je te dois confidence pour confidence, leçon pour leçon»(128).

La Bois-Laurier ne fait pas de philosophie mais raconte des anecdotes de sa vie de prostituée. A la différence d'Eradice et de Mᵐᵉ C., la Bois-Laurier ne se pâme jamais de plaisir. Son corps est distant, insensible et indifférent, en raison d'une particularité physique qui le rend impénétrable. Elle est «barrée»: «Une membrane nerveuse en ferme l'avenue avec assez d'exactitude pour que le trait le plus délié que l'Amour ait jamais eu dans son carquois n'ait jamais pu atteindre le but»(135).

---

[15] C'est ce que suggère, par exemple, Robert Darnton, dans *The Forbidden Best-Sellers of Pre-Revolutionary France*, ed. cit.

[16] Cet épisode a d'ailleurs été republié indépendamment de *Thérèse Philosophe* cinquante ans plus tard, sous le titre *La courtisane anaphrodite*, avec un simple changement de noms des protagonistes.

En parlant de son corps, la Bois-Laurier récupère la métaphore guerrière du «trait» et du «carquois» qu'utilisait le rationnel abbé T... au moment du désir. Mais au cours de son récit, il ne sera guère question de «trait» et de «dard» ou d'autre image glorifiant le sexe masculin. Au contraire: l'objet auquel s'intéresse le récit de la Bois-Laurier est le sexe mâle non dans sa gloire, mais dans son humiliation. Le Président qui a acheté son pucelage à Mme Lefort ne cherche même pas à la dépuceler, mais elle le voit «secouant entre ses cuisses quelque chose de noir et de flasque que tous ses efforts ne pouvaient faire guinder»(138). L'entremetteuse, Mme Lefort, nomme un peu plus loin le sexe du Président un «vieil outil rouillé, ridé et usé»(139). La Bois-Laurier raconte ensuite le cas d'un homme qui a besoin d'entendre chanter sa maîtresse à la voix mélodieuse pour que sa «machine» soit ébranlée; mais une fausse note, un bémol substitué à un bécarre, et «le meuble qui battait la mesure n'était plus qu'un chiffon»: les «attouchements les plus lascifs (...) ne purent rendre l'élasticité à la partie languissante»(143). Un peu plus loin, il est question d'un vieux médecin qui ne donne «aucun signe de virilité qu'au moyen de cent coups de fouet» qu'elle lui applique sur les fesses, d'un «voluptueux courtisan usé de débauches» qui tient «son instrument mollet à la main» et ne peut jouir qu'en regardant son valet de chambre, qui en laisse voir «un des plus brillants», faire l'amour à une autre femme, puis de trois capucins aux «instruments énormes» braqués sur la Bois-Laurier, qui se disputent à qui passera le premier, avant de découvrir qu'ils ne peuvent parvenir à leurs fins: «leurs robes, relevées sur leurs têtes, laissent à découvert leurs misérables outils qui, de saillants qu'ils s'étaient montrés, se trouvent réduits en forme de lavettes»(159). La Bois-Laurier ne raconte que des situations d'impuissance, des scènes ridicules et humiliantes pour le sexe masculin. Soit ce sont des sexes d'aristocrates que rien ne parvient à «faire guinder», soit ce sont des sexes qui, pour un rien, soudain perdent leur érection et ne peuvent pas la retrouver. Devant ce spectacle, la réaction de la Bois-Laurier est systématiquement la même: elle éclate de rire. «Pendant toute cette singulière scène, je n'avais cessé de rire jusqu'à en perdre la respiration»(143). Même le rare cas d'un homme parvenant à pénétrer sa compagne provoque son rire: «Pour moi, je continuais de rire aux larmes en regardant de tous mes yeux la besogne qui se faisait derrière moi»(144). Un des capucins qui cherchent à la pénétrer s'appelle ironiquement le «Père Hilaire»; si lui-même ne s'amuse guère, il provoque l'hilarité de la jeune femme: «Comme je m'étais renversée

sur le lit, pâmée de rire et sans force, il fourrageait mes appas...»(159)
Quant à la scène où le capucin et la vieille Dupuis vomissent l'un sur
l'autre après avoir tenté de faire l'amour, elle provoque «les ris immodérés» de la Bois-Laurier. Enfin, la dernière aventure que raconte la
Bois-Laurier ne vise à rien d'autre qu'à susciter le rire de son auditrice:
elle dit comment elle lâche «à brûle-pourpoint un vent moelleux» au nez
d'un curieux et se sauve en éclatant de rire. Cette aventure scatologique
est celle qui plaît le plus à Thérèse: «Ici Mme Bois-Laurier fut obligée de
cesser sa narration par les ris immodérés qu'excita en moi cette dernière aventure. Par compagnie, elle riait aussi de tout son cœur»(168).

Thérèse a entendu Eradice et Mme C. «se pâmer» en goûtant la jouissance que leur a fait connaître le «cordon» du père Dirrag ou le doigt de
l'abbé T...: la Bois-Laurier ne se pâme que de rire. Le dard, le trait
enflammé, la flèche glorieusement exaltée par les hommes qui désirent,
ne sont plus que des chiffons mous, des lavettes et de misérables outils
dans le récit de la Bois-Laurier. Son impénétrabilité physique donne à
la Bois-Laurier le pouvoir de ridiculiser et d'humilier le désir sexuel
masculin. Au cours de l'épisode se produit un renversement de rôles: le
pouvoir ne vient pas de la philosophie généreusement répandue par
Thérèse, mais de ce corps-objet qui se transforme en regard porté sur
les sexes d'homme cherchant vainement à le pénétrer. Dans l'*Histoire
de Juliette*, Sade fait dire à Juliette que «le charmant ouvrage du Marquis d'Argens a montré le but, sans néanmoins l'atteindre tout-à-fait.»
Comme le souligne Philippe Roger dans sa préface à *Thérèse philosophe*, «Au bonheur des dames sensées», il n'y a dans toutes ces aventures «ni copulation, ni perversité»: «D'où quelque étonnement à entendre
la Juliette de Sade s'extasier sur une consœur qui ne fait pas grand cas,
c'est le moins qu'on puisse dire, des *bizarres penchants qu'inspire la
nature*.»[17] Mais s'il y a une perversion de *Thérèse philosophe*, elle n'est
pas dans l'attrait pornographique du texte, qui est en effet moindre à
mesure que l'histoire avance. Elle est dans cette étrange transformation
du corps féminin, corps objet offert au désir voyeuriste des hommes, en
regard porté sur ce même désir, afin d'en rire. La perversion est dans
l'«impénétrabilité» de la Bois-Laurier. Sade donne d'ailleurs à un personnage important de l'*Histoire de Juliette*, la Durand, qui est la dernière amante de Juliette et la seule femme, avec Juliette, à survivre à la
fin du roman, une caractéristique physique qu'il a certainement em-

---

[17]   Voir Philippe Roger, «Au bonheur des dames sensées», *éd. cit.*, p. 23.

pruntée à la Bois-Laurier: elle est barrée.[18] Amoureuse de Juliette, la Durand la prostitue aux hommes, et se fait construire un bordel avec des coulisses secrètes d'où Juliette et elle peuvent observer les passions des hommes, en spectatrices curieuses, philosophes et distantes.[19]

Le fantasme saphique n'est donc pas aussi simple qu'il en a l'air au premier abord: il ne s'agit pas seulement, pour l'auteur et ses lecteurs masculins, de pénétrer le terrain inconnu de la sexualité féminine et des amours de femmes; mais, à travers le regard et le dialogue des femmes, de projeter une lumière ironique sur la sexualité masculine, et de transformer le sexe masculin en objet mécanique ridiculisé par le regard des femmes. Ce qui affleure à travers l'épisode de la Bois-Laurier, ce n'est pas seulement la hantise de l'impuissance menaçant la sexualité masculine, surtout celle des aristocrates, mais aussi une dérision à l'égard du désir de voir, de connaître et de pénétrer. C'est cette dérision qu'exprime le rire des deux femmes.

Au cours de ce troisième épisode, le roman se moque du désir masculin déjà mis en cause au cours des deux premiers épisodes, désir de «pénétration» et de puissance. On peut alors se demander pourquoi le roman s'achève sur un scénario sage et traditionnel: celui d'amours hétérosexuelles et sans danger où Thérèse, maîtresse entretenue, finit par céder aux désirs raisonnables de son amant, homme des Lumières.

---

[18] «Durand n'avait jamais pu jouir des plaisirs ordinaires de la jouissance: elle était barrée, mais (...) son clitoris, long comme le doigt, lui inspirait pour les femmes le goût le plus ardent. Elle les foutait, elle les enculait.» Sade, *Histoire de Juliette*. Paris: Editions du cercle du livre précieux, 1967, IX, 431.
Lucienne Frappier-Mazur utilise le personnage de la Durand pour défendre la thèse du phallocentrisme chez Sade. Voir Lucienne Frappier-Mazur, *Sade ou l'écriture de l'orgie*. Paris: Nathan, 1991.

[19] «Pour jouir de toutes ces extravagances et pour nous échauffer la tête, Durand et moi, nous avions ménagé des niches secrètes, d'où nous pouvions, sans être vues, distinguer à merveille tout ce qui se passait dans les boudoirs que nous donnions à nos libertins, et c'est là où nous avions fait, l'une et l'autre, un cours complet de tous les plus bizarres raffinements. Dès que les personnes qui désiraient des objets de libertinage nous paraissaient mériter la peine d'être observées, nous nous rendions au poste, et là, nous faisant foutre, ou nous faisant branler, nous nous échauffions à loisir des détails lascifs que les plus excessives débauches offraient à nos regards. Avec ma figure et mon âge, il m'arrivait souvent d'être plutôt désirée qu'une des créatures de notre maison. Si la partie me convenait, je me prostituais à l'instant»(IX, 505).

4. Le scénario du fantasme, ou comment pénétrer Thérèse

Le comte, amant de Thérèse, destinataire du roman et héros du quatrième et dernier épisode, est un homme des Lumières. Lors de leur première rencontre, leur philosophie est ce qui rapproche les amants l'un de l'autre: «On me plaisantait sur les principes de la morale. Vous parûtes curieux de les approfondir, ensuite charmé de les connaître à fond»(169). Le comte est d'une honnêteté totale avec Thérèse, encore plus que l'abbé T... Il ne lui cache rien et respecte sa liberté. Si ce rapport de respect mutuel et d'amour tendre trouve encore sa place dans un roman pornographique, c'est seulement parce qu'il préserve un dernier obstacle, interdit ultime: le refus de Thérèse de se laisser pénétrer, un refus justifié par les leçons de l'abbé T..., l'expérience de Mme C., et renforcé par les récits de la Bois-Laurier.

La pénétration est devenue l'enjeu du récit:

> Je frémissais (...) à la vue du trait dont vous menaciez de me percer. Comment serait-il possible, me disais-je, que quelque chose de cette longueur, de cette grosseur, avec une tête aussi monstrueuse, puisse être reçu dans un espace où je puis à peine introduire le doigt? D'ailleurs, si je deviens mère, je le sens, j'en mourrai.(177)

L'argument de la maternité, présenté ici en second, est moins important que celui de la disproportion, qui fait intervenir un fantasme sadique. Ce quatrième épisode, après l'intermède de la Bois-Laurier, marque le retour du «trait», de la métaphore guerrière et du sexe masculin dans un état de triomphe. Mais le troisième épisode a armé Thérèse contre ses entreprises. Comment cet ultime obstacle va-t-il être transgressé? Comment le comte, homme des Lumières, va-t-il parvenir à convaincre Thérèse, femme des Lumières aussi forte et sensée que lui, de se laisser pénétrer par lui?

Le premier instrument de persuasion utilisé par le comte est «la force du raisonnement»: «Je remarquais que, dès que l'aiguillon de la chair était émoussé, sous prétexte du goût que j'avais pour les matières morale et métaphysique vous employiez la force du raisonnement pour déterminer ma volonté à ce que vous désiriez de moi»(178). S'ensuivent trois pages de réflexions morales du comte sur l'amour-propre, sur «l'impuissance où est l'âme d'agir ou de penser de telle ou telle manière», et «sur ce qu'est l'esprit.» Mais le raisonnement n'a guère de force: il ne convainc pas Thérèse. Pour finir, le comte, fatigué des refus de Thérèse, change de stratégie: il fait venir de Paris sa bibliothèque galante et sa collection de tableaux du même genre. Il les prête à Thérèse, à la condition qu'elle renonce, pendant quinze jours, à porter la main à «cette partie qui (...) devrait être aujourd'hui de (son) domaine», et engage un pari contre elle: «Faisons une gageure, que vous gagnerez sans doute: je parie ma bibliothèque et mes tableaux que vous n'observerez pas la continence pendant quinze jours ainsi que vous le promettez»(182). Thérèse se vexe: «En vérité, monsieur, vous répondis-je d'un air un peu piqué, vous avez une idée bien singulière de mon tempérament, et vous me croyez bien peu maîtresse de moi-même.»

Thérèse tient bon quatre jours en parcourant tous les classiques du roman pornographique, dont *Le portier des Chartreux* qui avait mis en feu Mme C., et des tableaux lascifs. Mais «le cinquième jour, après une heure de lecture, je tombai dans une espèce d'extase»(182). Comme Sade le montrera plus tard dans le passage de l'*Histoire de Juliette* où Juliette livre son «secret», la continence forcée tandis que l'imagination se livre à ses fantasmes est le plus grand des excitants. Le spectacle de deux tableaux, *Les Fêtes de Priape* et *Les Amours de Mars et de Vénus*, comme les scènes humaines qu'elle a surprises dans les épisodes précédents, produit sur Thérèse un effet machinal: «Machinalement, ma main se porta où celle de l'homme était placée, et j'étais au moment d'y enfoncer le doigt lorsque la réflexion me retint»(182). De cette dernière lutte entre la «réflexion» et le «machinal», le machinal sort vainqueur quand Thérèse jette les yeux sur le second tableau, celui des *Amours de Mars et de Vénus*:

> J'admirais l'attitude du dieu Mars. Le feu dont ses yeux, et surtout sa lance, paraissaient animés passa dans mon cœur. Je me coulai sous les draps, mes fesses s'agitaient voluptueusement comme pour porter en avant la couronne destinée au vainqueur. (...) «Ah! cher amant! Je n'y résiste plus. Parais, comte, je ne crains point ton dard, tu peux percer ton amante, tu peux même choisir où tu voudras frapper...»

La demande est aussitôt suivie d'un effet magique: «Vous parûtes tout-à-coup, plus fier, plus brillant que Mars ne l'était dans le tableau»(185). Le roman s'achève sur une apothéose du sexe masculin, qui n'est plus seulement le «dard» et le «trait» guerrier perçant l'amante, mais une lance enflammée et le dieu même, Mars. Le sexe du comte est «le vainqueur» de Thérèse. On retrouve le cliché par excellence du roman pornographique, celui du sexe mâle dieu et vainqueur. La conclusion de *Thérèse philosophe* semble toute à la gloire du sexe masculin et à la gloire de ces Lumières incarnées par le comte qui parvient à ses fins, pénétrer Thérèse.

Mais le comte a renoncé aux raisonnements pour convaincre Thérèse. Le comte, homme des Lumières, s'en remet au roman pornographique et au tableau érotique pour obtenir l'effet qu'il désire. «Vous gagnerez sans doute», dit-il à Thérèse. Le défi ne sert qu'à piquer l'orgueil de Thérèse, pour la pousser à accepter le pari. Le comte sait qu'elle peut seulement perdre. Il est le premier protagoniste éclairé à admettre ouvertement, par sa ruse, que le pouvoir de l'image est plus fort que celui du raisonnement. C'est le comte lui-même qui reconnaît ainsi l'échec des Lumières, ou, du moins, l'échec de l'argumentation rationnelle dans le domaine du désir.

Plus Thérèse devient philosophe et plus le pouvoir mimétique du voyeurisme devient évident: ce que révèle le voyeurisme, c'est la vanité de toute tentative de contrôler intellectuellement le corps, quand une image excite subitement son désir. De ce point de vue, la dernière scène de *Thérèse Philosophe* est la plus forte, même si elle n'est pas aussi amusante et excitante que les premiers épisodes qui étaient finalement moins chargés idéologiquement. Le pari final du comte dans *Thérèse Philosophe* représente l'enjeu même de tout roman pornographique: quelle que soit la rationalité apparente du désir de savoir, le voyeurisme fait cesser tout contrôle de soi: le désir naît, sous forme de reproduction machinale de ce qui est vu. Le pari du comte révèle le pouvoir du fantasme, c'est-à-dire de représentations imaginaires inspirées par des images vues dans des livres, des tableaux ou la réalité, et qui se mettent à commander la réalité. Ce n'est pas convaincue par les arguments du comte, ni par amour de lui, que Thérèse se donne à lui. C'est en vertu du pouvoir machinal que l'image exerce sur son corps.

Hommes et femmes, voyeurs masculins et féminins, sont également soumis au pouvoir de l'image. Dans l'épisode final, on pourrait dire que Thérèse se rend au comte et qu'il parvient à la manipuler pour son propre plaisir; mais il est aussi vrai de dire que le comte se rend au pouvoir de l'image, et qu'il renonce à la philosophie pour laisser agir l'image. Dans le contexte des Lumières, ce à quoi s'intéresse le roman pornorgaphique, c'est le rapport entre le mot et l'image, et le pouvoir de l'image, de l'imagination, sur la raison. Le roman pornographique se fait l'écho d'un certain échec des Lumières, ou, du moins, met en valeur les limites du projet des Lumières: les Lumières éclairent mais ne déterminent pas. Telle est précisément la conclusion philosophique de Thérèse: «La raison nous éclaire, mais elle ne nous détermine point»(189). Le roman pornographique rend au mot «Lumières» son sens propre et sa fonction limitée: il ne s'agit que d'éclairer. L'usage de la raison ne peut donc qu'être limité et ce qu'il convient, ultimement, d'appeler raison, c'est la reconnaissance des limites de la raison par rapport à l'imaginaire. A travers le voyeurisme et son effet «machinal» qui transforme le regard distant et détaché du voyeur en organe sexuel et le fait «se pâmer», le roman pornographique montre que les Lumières sont inutiles dès que se met en marche le film du fantasme. Cette reconnaissance du pouvoir de l'image est sans doute l'intuition la plus forte du roman pornographique; elle explique que le genre du roman pornographique se soit développé au siècle des Lumières, dans une période d'optimisme rationnel. Le roman pornographique tourne en dérision cet optimisme rationnel en le transformant en obstacle que le genre invite à transgresser.

D'où l'attitude étrangement ambivalente du roman pornographique à l'égard du sexe masculin, tour à tour représenté comme un serpent charmant ou dégoûtant, un dard, un chiffon ou un Dieu. Après avoir été dépeint comme un «misérable outil» dans les multiples anecdotes racontées par la Bois-Laurier, le sexe masculin resurgit à la fin du récit comme la lance brillante du dieu Mars ou le dieu en personne: il n'est pas possible de ne pas y percevoir l'ironie du texte, qui a montré, auparavant, que le fantasme de puissance divine se doublait presque toujours d'une impuissance réelle. Ce qui est ici ironiquement mis en cause, c'est le désir des hommes de prendre leur sexe pour un dieu, leur désir de pénétrer l'impénétrable (la Bois-Laurier), et de tout contrôler par le regard et par la raison. Au fantasme masculin de toute-puissance, le roman oppose le rire de la Bois-Laurier, la complicité des deux femmes, et la main experte de Thérèse qui déloge de sa place le sexe «vainqueur» du comte. De *Thérèse Philosophe* à l'*Histoire de Juliette* de Sade, de nombreux romans pornographiques manifestent la même ironie à l'égard du rapport entre les deux sexes et tournent en dérision le fantasme masculin de puissance.[20] En associant pornographie et philo-

---

[20]   Voir, entre autres *Le Doctorat impromptu* (1788), *Le diable au corps*, et *Félicia ou mes fredaines* d'Andréa de Nerciat; *Lettres Galantes et Philosophiques de deux No-*

THÉRÈSE, OU LA RAISON

sophie, le roman pornographique montre le lien entre le fantasme masculin de puissance et le projet encyclopédique des Lumières. Il établit une équivalence entre le désir de maîtriser par le regard, le désir de connaître par la raison, et le désir de pénétrer par le sexe. Il tourne en dérision tout désir de contrôle, que ce soit par l'Eglise et ses abus hypocrites dans le premier épisode, ou par la raison dans les épisodes qui suivent. Le plaisir du texte, au cours du premier épisode, provenait de l'abus démasqué; au cours des épisodes qui suivent, le plaisir du texte naît de l'abaissement de la raison et de l'organe qui prétend représenter la raison, le sexe masculin.

Si, donc, le roman pornographique participe au projet des Lumières, ce n'est pas parce qu'il exalte la connaissance philosophique et donne des conseils pratiques aux femmes et aux hommes sensés. Son effet est plus subtil: en révélant les contradictions entre les actes sexuels et les discours les plus sensés, en montrant le pouvoir de l'image à travers l'effet «machinal» du voyeurisme, en représentant le sexe masculin comme un «instrument» manipulé par ses désirs, ses peurs et ses fantasmes, le roman pornographique redéfinit le pouvoir de la raison comme étant seulement la connaissance de ses propres limites. Le plaisir qu'il donne au lecteur est celui de ces limites qui s'ignorent ou qui s'imposent indépendamment de la volonté de puissance du sujet.

---

nes (1797); *La Cauchoise*; *Dom Bougre ou Le Portier des Chartreux* (1741); *Le Sopha* de Crébillon fils.

IV
1760
SUZANNE, OU LA LIBERTÉ

La religieuse de Diderot donne généralement lieu à deux sortes de lecture critique. La première prend pour objet le projet sérieux qui soutient le roman, la critique virulente de cette institution inhumaine qu'est le couvent.[1] C'est à l'occasion de la publication par La Harpe en 1770 d'une pièce pleine de bons sentiments, *Mélanie ou La religieuse*, visant à dénoncer la cruauté d'un système social dans lequel on enferme à vie les filles sans dot, que Grimm a révélé dans sa *Correspondance littéraire* les circonstances dans lesquelles a été écrit le roman de Diderot dix ans plus tôt.[2] Grimm, et Diderot après lui, semblent s'apercevoir après coup de la valeur sociale d'un petit roman «écrit au courant de la plume», et qui n'avait commencé que comme une plaisanterie. La farce acquiert des lettres de noblesse: cette histoire que Diderot appelait simplement un «conte» ou «ma religieuse» en 1760 devient en 1770 sous la plume de Grimm la «plus cruelle satire qu'on eût jamais faite des cloîtres» et en 1780, sous celle de Diderot, au moment de la publication du roman dans la *Correspondance littéraire*, la «plus effroyable satire des couvents.»[3]

La seconde lecture met l'accent sur le contexte de la mystification, cette farce montée par Diderot, Grimm et leurs amis afin d'attirer à

---

[1] Voir Arthur M. Wilson, *Diderot. Sa vie et son œuvre*. Paris: Laffont-Ramsay, Bouquins, 1985 (1957 pour la publication en anglais), p. 322 sq. Traduit par G. Chahine, A. Lorenceau et A. Villelaw.

[2] Voir l'introduction et la postface de Jacques et Anne-Marie Chouillet à *La religieuse*. Paris, Librairie Générale Française, 1983.

[3] Georges May a montré qu'une vraie religieuse au destin dramatique, Marguerite Delamarre, avait inspiré le personnage de Suzanne, et l'on évoque souvent le sort de la sœur de Diderot, Angélique, devenue folle dans un couvent. Georges May, *La Religieuse de Diderot*, Paris, PUF, 1954.

Paris leur ami le marquis de Croismare, qui s'était retiré dans ses terres près de Caen et se livrait à la dévotion.[4] La critique analyse les liens entre le roman et la préface-annexe toujours publiée avec le roman.[5] Ce que met en valeur cette lecture, c'est le pouvoir de l'illusion romanesque, dont les romanciers du XVIIIe siècle découvrent toute la force: les multiples incohérences narratives que l'on trouve dans *La religieuse* ne détruisent pas la vraisemblance du roman.[6] *La religieuse* devient ainsi le lieu où se déploient les théories esthétiques de Diderot, ce qu'Ernst Cassirer a appelé son «esthétique du pathétique»: l'on montre comment le réalisme et la précision des détails dans *La religieuse* permettent au romancier, devenu «peintre», de séduire son lecteur.[7]

Il est plus rare que l'on considère ce roman indépendamment de son contenu idéologique ou des théories esthétiques de son auteur. La lecture que je propose ne sera pas sociologique, ni esthétique, ni même psychanalytique comme celles de Roger Lewinter ou de Pierre Saint-

---

[4] Roger Lewinter va jusqu'à parler d'«homoérotisme» dans le rapport de Diderot à son destinataire. Roger Lewinter, *Diderot ou les mots de l'absence. Essai sur la forme de l'œuvre*. Paris: Editions Champ Libre, 1970; «Introduction à *La religieuse*», *Œuvres Complètes* de Diderot, Tome IV. Paris: Club Français du Livre, 1970.

[5] Voir, entre autres études sur la question: Herbert Dieckmann, «The Preface-Annexe of *La religieuse*», Diderot Studies, 2, 1953, p. 21-47; et Rosalina de la Carrera, «Epistolary Triangles: The Preface-Annexe of *La religieuse* Reexamined», *The Eighteenth-Century: Theory and Interpretation*, vol.29, Fall 1988, p. 263-280.

[6] Sur ces invraisemblances, voir la postface de Jacques et Anne-Marie Chouillet dans l'édition citée. Sur l'illusion au XVIIIe siècle, voir Vivienne Mylne, *The Eighteenth-Century French Novel: Techniques of Illusion*. Manchester: Manchester University Press, 1965; Philip Stewart, *Imitation and Illusion in the French Memoir-Novel*, 1700-1750. New Haven: Yale University Press, 1969.

[7] Sur le rapport entre *La religieuse* et le lecteur-spectateur, voir Roger Kempf, *Diderot et le roman, ou le démon de la présence*. Paris: Seuil, 1964; Pierre Saint-Amand, *Séduire. La passion des Lumières*, Paris, Méridien-Klincsieck, 1983; Jay Caplan, *Framed Narratives: Diderot's Genealogy of the Beholder*, Minneapolis: University of Minnesota Press, 1985; David Marshall, «*La religieuse*: Sympathy and Seduction», dans *The Surprising Effects of sympathy: Marivaux, Diderot, Rousseau and Mary Shelley*, Chicago: University of Chicago Press, 1988; Anne Deneys-Tuney, *Ecritures du corps de Descartes à Laclos*. Paris: PUF, 1992; Dorothy Kelly, «The Primal Scene of Seduction, Voyeurism, and La Religieuse», dans *Telling Glances: Voyeurism in the French Novel*. New Brunswick, NJ: Rutgers University Press, 1992; Corinna Gepner, «L'autoportrait de la narratrice dans *La Religieuse*: Les ruses du regard», *Recherches sur Diderot et L'Encyclopédie*, vol. 17, Oct.1994, p. 55-67.

Amand.[8] A travers l'analyse des différentes étapes de l'histoire de Suzanne Simonin, je voudrais montrer comment Diderot définit, la liberté.
L'histoire de Suzanne permet à Diderot de scruter les rapports entre le
corps, la raison et l'imaginaire, et de proposer une définition originale
d'une notion cruciale à toute son œuvre.[9] Mon but ici est d'examiner le
personnage de Suzanne Simonin non comme la victime d'un système
qui l'écrase, mais comme un sujet qui se raconte et définit ainsi une
subjectivité.[10]

«Il n'est pas à présumer qu'il se détermine à changer mon sort sans
savoir qui je suis»(11), annonce l'héroïne au tout début de ses mémoires, pour justifier le récit qu'elle adresse au marquis de Croismare.
Condamnée à devenir religieuse par sa naissance adultère, Suzanne
Simonin se révolte contre ce destin prédéterminé et raconte sa lutte pour
la liberté, nommée par Diderot «la prérogative inaliénable de
l'homme»(107). C'est cette lutte qui construit son identité, ce «qui je
suis» qu'elle promet de révéler à son destinataire: «Je demande à être
libre, parce que le sacrifice de ma liberté n'a pas été volontaire»(69).
Suzanne lutte à la fois contre l'enfermement physique et contre
l'aliénation mentale. Le couvent, qui rend fou, devient la métaphore de
la folie. Le couvent est une prison pour le corps, et la folie une prison
pour l'esprit. Comment devient-on libre? Qu'est-ce que la liberté? Le
roman répond à ces questions à travers l'histoire de Suzanne.

1. La lutte pour la liberté

Avant de découvrir que le couvent rend fou, Suzanne n'avait pas de
répulsion pour la vie monastique, que les religieuses de son premier
couvent, Sainte-Marie, lui rendaient même attirante par «un cours de
séduction la plus subtile et la mieux apprêtée»(17). Ce n'est pas la vie

---

[8] Roger Lewinter analyse le rapport de Diderot à son père (*Diderot ou les mots de
l'absence, ed. cit.*), et Pierre Saint-Amand s'intéresse au rapport entre mère et fille
dans le roman. «D'une mère l'autre», dans *Les dilemmes du roman. Mélanges offerts
à Georges May.* Catherine Lafarge éd.. Stanford: Stanford University Press, 1992.

[9] Voir Anne Deneys-Tuney (livre cité), dont le chapitre sur Diderot comporte des
analyses sur ce sujet en rattachant *La religieuse* à d'autres textes et essais philosophiques. Voir aussi Elisabeth de Fontenay, *Diderot ou le matérialisme enchanté.* Paris: Livre de poche, 1987.

[10] Voir René Démoris, *Le roman à la première personne du classicisme aux Lumières.*
Paris: Armand Colin, 1975.

au couvent, mais la vision d'une religieuse folle échappée de sa cellule, qui déclenche sa lutte acharnée pour la liberté:

> Elle était échevelée et presque sans vêtement. Elle traînait des chaînes de fer, ses yeux étaient égarés; elle s'arrachait les cheveux; elle se frappait la poitrine avec ses poings; elle courait. Elle hurlait; elle se chargeait elle-même et les autres, des plus terribles imprécations. Elle cherchait une fenêtre pour se précipiter. La frayeur me saisit. (…) Je vis mon sort dans celui de cette infortunée, et sur-le-champ il fut décidé dans mon cœur que je mourrais mille fois plutôt que de m'y exposer. (18-19)

Cette scène est cruciale: avec cette vision commence l'histoire de Suzanne Simonin.[11] Le spectacle de la religieuse folle la détermine à lutter par tous les moyens pour échapper au risque de la folie, et, par conséquent, à l'enfermement au couvent. Qu'est-ce que la folie? Elle se traduit par un désordre du corps qui transgresse les normes sociales («échevelée», «presque sans vêtement»), par l'égarement des yeux qui reflète la perte de l'esprit, par les cris et les coups donnés à soi-même qui expriment une souffrance sans mesure, par le désir de se tuer. Il y a dans cette vision quelque chose d'excessif, de déréglé et d'animal qui frappe Suzanne au point qu'elle s'y reconnaît elle-même alors que son sort présent en est tout-à-fait éloigné, puisqu'elle est dorlotée par les religieuses de son couvent. Suzanne voit son «sort» dans celui de cette infortunée: la religieuse folle de Sainte-Marie incarne le destin féminin auquel Suzanne se jure ensuite d'échapper.

Ce destin, ce n'est pas seulement l'acceptation passive de l'exclusion sociale: Suzanne, enfant adultère, doit payer la faute de sa mère et accepter sa réclusion à perpétuité; c'est aussi le dérèglement sauvage du corps, ou ce que Diderot nomme l'«hystérisme.» En 1772, dans son bref essai *Sur les femmes*, il décrit l'influence de l'utérus sur le tempérament féminin: «La femme porte au-dedans d'elle-même un organe susceptible de spasmes terribles, disposant d'elle, et suscitant dans son imagination des fantômes de toute espèce.»

Du début à la fin de *La religieuse*, toutes les femmes sont des hystériques. Comme l'écrivait Robert Mauzi dans une préface à *La reli-*

---

[11]   Voir Walter Rex, «Secrets from Suzanne: the tangled motives in *La religieuse*», *The Attraction of the Contrary. Essays on the Literature of the French Enlightenment.* Cambridge, Cambridge U.P., 1987, p. 125-135.

gieuse en 1970, les trois mères supérieures du roman, la mystique mère de Moni, la sadique mère Sainte-Christine, et la sensuelle mère supérieure de Sainte-Eutrope, au-delà de leurs différences, représentent trois figures de l'hystérie féminine.[12] Mais les nonnes ne sont pas les seules hystériques. L'enfermement monastique ne fait qu'exacerber ce qui semble être, pour Diderot, une composante essentielle de la «nature» féminine.[13] Après la scène de la religieuse folle, le premier cas d'hystérie met en scène Suzanne elle-même, dans le carrosse où elle se trouve avec sa mère et qui la ramène chez ses parents à la suite du scandale qu'elle a délibérément provoqué pour sortir du couvent de Sainte-Marie:

> Je ne sais ce qui se passa dans mon âme; mais tout à coup je me jetai à ses pieds, et je penchai ma tête sur ses genoux; je ne lui parlais pas; mais je sanglotais et j'étouffais. Elle me repoussa durement. Je ne me relevai pas. Le sang me vint au nez. Je saisis une de ses mains malgré qu'elle en eût, et l'arrosant de mes larmes et de mon sang qui coulait, appuyant ma bouche sur cette main, je la baisais... (27)

La demande affective s'exprime au moyen de signes corporels qui théâtralisent le sentiment et le rendent excessif; c'est le corps qui parle au moyen d'épanchements liquides, les larmes et le sang, et d'un étouffement qui indique l'impossibilité de parler par excès d'émotion. L'incapacité à s'exprimer par un langage purement verbal et rationnel, l'aphasie qui s'accompagne d'un tremblement et d'un épanchement du corps échappant subitement au contrôle du langage symbolique, caractérisent l'hystérique chez Diderot. Le corps parle, et quand le corps parle c'est toujours de manière excessive, désordonnée, violente, provoquant en retour la peur et la répulsion de celle à qui la demande s'adresse. L'hystérie n'est pas liée simplement à la vie monastique puisque que la mère de Suzanne est décrite dans un état similaire au moment où elle reproche à sa fille sa naissance illégitime:

---

[12] Robert Mauzi, «Humour et Colère dans *La religieuse*», introduction au tome IV des *Œuvres complètes* de Diderot. Paris: Club Français du Livre, 1970.

[13] Voir Dominique Jullien, «Locus hystericus: l'image du couvent dans *La religieuse* de Diderot», *French Forum*, 15, 2, May 1990, p. 133-149.

> Son visage s'altéra, ses yeux s'allumèrent; l'indignation s'empara
> de son visage. Elle voulait parler, mais elle n'articulait plus; le
> tremblement de ses lèvres l'en empêchait. (...) Elle contraignait
> ses larmes, qui coulaient avec peine, et elle disait: «Le mons-
> tre!»(34)

On retrouve les mêmes signes, altération des traits et des yeux,
aphasie, tremblement et larmes.

En apprenant le secret de sa naissance, Suzanne découvre la division
entre deux sortes de langage. Le langage de l'hystérique énonce non
seulement une signification, mais aussi un affect violent; la mère ne se
contente pas de dire à Suzanne qu'elle est une fille adultère, mais elle la
charge aussi de la culpabilité d'un crime: «Vos sœurs ont obtenu des
lois un nom que vous tenez du crime, n'affligez pas une mère qui ex-
pire»(35). Mais il existe un autre langage, qu'elle découvre avec son
directeur de conscience, le père Séraphin: «C'est elle qui m'a chargé de
vous annoncer que vous n'étiez pas la fille de M. Simonin. (...) Voyez
à présent, mademoiselle; considérez, pesez; jugez si madame votre
mère peut (...) vous unir à des enfants dont vous n'êtes pas la
sœur»(29-30). Le confesseur n'accuse pas Suzanne mais l'invite à réfléchir. Il ne charge pas Suzanne du crime de sa mère; au contraire, il met
en valeur les qualités positives de Suzanne, des qualités mentales qui lui
appartiennent en propre: «Vous êtes sage. Vous avez de l'esprit, de la
fermeté»(29). Le langage du père Séraphin n'est pas affectif mais rationnel, et cette rationalité se traduit dans le choix des verbes utilisés,
«voyez», «considérez», «pesez», «jugez», qui font tous appel aux facultés mentales de Suzanne. Si Suzanne accepte finalement son destin de
fille illégitime, si elle accepte de se laisser conduire au couvent de Longchamps après avoir provoqué un scandale pour sortir de Sainte-Marie,
c'est parce qu'elle entend cet appel à sa libre faculté de juger: «Je me
connais, et il ne me reste qu'à me conduire en conséquence de mon
état»(32). Au couvent de Sainte-Marie, Suzanne a résisté de toutes ses
forces à la séduction insidieuse des religieuses. A la douceur, à la séduction, elle a opposé sa «fermeté» d'esprit et l'engagement pris envers
elle-même. C'est cette même fermeté d'esprit qu'elle exerce en accep-
tant de retourner dans un couvent, après un examen critique des données que lui a soumises le prêtre.

2. *Le ferme et le mou*

D'un coté le langage hystérique, de l'autre le langage rationnel; d'un côté la douceur, la séduction, les larmes, le sang, tout ce qui est doux et mou, et qui coule; de l'autre, la fermeté, la dureté, la règle, tout ce qui résiste. Le corps défaille, s'abandonne, devient mou, se laisse manipuler comme un objet, se laisse séduire, et cela même hors de tout contexte érotique. Suzanne se méfie de la séduction bien avant son transfert à Sainte-Eutrope. Elle nomme séduction même l'élan mystique de la supérieure de Moni, la seule qu'elle aime, car il s'exprime par des signes corporels, son de la voix, visage exprimant l'extase, transport, et larmes douces: «Son dessein n'était pas de séduire, mais certainement c'était ce qu'elle faisait»(42). Suzanne résiste à toutes les séductions, même sans le vouloir. Il y a en elle un scepticisme rationnel qui interrompt le commerce de la mère de Moni avec le ciel, une dureté qui rejette la douceur d'une communication physique. Suzanne se méfie de tout langage corporel, et surtout de cette mollesse, cette défaillance du corps qui peut décider de sa vie malgré elle. Le corps qui défaille, c'est l'ennemi, puisqu'il ôte à la narratrice toute connaissance d'elle-même. C'est ainsi que Suzanne devient religieuse, à Longchamps:

> J'étais presque réduite à l'état d'automate. Je ne m'aperçus de rien. J'avais seulement par intervalles, comme de petits mouvements convulsifs. (…) On disposa de moi pendant toute cette matinée qui a été nulle dans ma vie, car je n'en ai jamais connu la durée. Je ne sais ni ce que j'ai fait, ni ce que j'ai dit. (46-47)

La défaillance du corps n'a, pour Suzanne, qu'une valeur négative, celle d'une privation de la conscience et des facultés mentales. Ce qu'elle vit dans cet état d'inconscience lui apparaît comme «nul», invalide par le simple fait qu'elle n'en a pas connaissance, et n'a pas de maîtrise rationnelle de ses actes. Pour croire à la réalité de sa prise de vœux, il lui faut en voir une preuve écrite et verbale: «Je voulus voir la signature de mes vœux; il fallut joindre à ces preuves le témoignage de toute la communauté, celui de quelques étrangers qu'on avait appelés à la cérémonie»(47). Entre cet état de défaillance qui permet de disposer de Suzanne et la folie de la religieuse de Sainte-Marie, il n'y a qu'une différence de degrés. C'est par le corps que la folie vient aux filles, et ce corps est donc, pour Suzanne, l'objet d'une méfiance incessante, car il est cause de désordre, de dérèglement, d'égarement, de perte de soi.

Au langage hystérique des femmes du roman, langage affectif qui vient du corps, s'oppose le langage rationnel et clair des hommes. Les personnages masculins du roman peuvent être durs et peu sensibles, ils incarnent tous le jugement rationnel et impartial. Ils sont tous juges, avocats ou directeurs de conscience: Monsieur Simonin, père putatif de Suzanne, et Monsieur Manouri, qui s'occupe de la défendre, sont avocats; le grand vicaire Hébert, juge ecclésiastique; le père Séraphin, le père Lemoine et le père Morel, directeurs de conscience. Le pouvoir des hommes s'exerce par la parole, et pas n'importe quelle parole: c'est une parole réglée par un code qui est celui de la justice humaine ou divine, la parole la moins subjective, la moins passionnée, la moins hystérique possible. Ce n'est pas un hasard si, s'adressant au marquis de Croismare, Suzanne ne cesse de lui donner une position de juge: «J'en appelle à votre jugement»(47), «Vous remarquerez, monsieur...»(64), «Vous savez, monsieur...»(67), «jugez du reste...»(91) Il s'agit de désamorcer le processus de séduction en faisant appel non aux sensations, mais à la réflexion du marquis de Croismare. De même, lorsque Suzanne met son corps en scène, c'est en entourant cette représentation de précautions rhétoriques qui lui permettent de déduire rationnellement sa beauté des commentaires d'autres personnes, comme un témoignage qu'elle utilise dans un procès, ou bien en utilisant son corps comme la preuve même des persécutions qu'elle subit: «Je lui dis, en lui montrant ma tête meurtrie en plusieurs endroits; mes pieds ensanglantés; mes bras livides et sans chair; mon vêtement sale et déchiré: «Vous voyez?» Je vous entends, monsieur le marquis...»(102) Le corps de Suzanne est présent dans le texte, elle le montre au marquis de Croismare, elle le donne à voir, mais c'est un corps qu'elle utilise comme une pièce à conviction dans son procès pour la liberté, un corps qui ne lui fait pas peur parce qu'il est contenu, contrôlé par les mots, pourvu d'une signification symbolique.

Contre l'aliénation hystérique et l'arbitraire des passions, Suzanne trouve un allié: la loi. La loi, c'est la loi civile à laquelle elle confie la défense de ses droits individuels en prenant la décision de protester contre ses vœux; mais c'est aussi la règle qui régit la vie monastique, règle fixée par des textes écrits par des hommes, et qui s'appellent «les Constitutions.» Dans la partie du roman qui décrit sa vie à Longchamps, le vocabulaire de la loi domine. On trouve à tout moment les verbes «prouver», «juger», «alléguer», «attester.» Suzanne utilise la loi

et la règle de l'ordre monastique pour se défendre et résister à la persé-
cution:

> Je lus les Constitutions; je les relus; je les savais par cœur. Si l'on
> m'ordonnait quelque chose ou qui n'y fut pas exprimé clairement
> ou qui n'y fut pas ou qui m'y parut contraire, je m'y refusais
> fermement. Je prenais le livre, et je disais: «Voilà les engage-
> ments que j'ai pris, et je n'en ai point pris d'autres.» (52)

Suzanne apprend par cœur les Constitutions, non pour être une
bonne religieuse au regard de Dieu, mais pour se placer du côté de la
loi, regagner la légitimité perdue par sa naissance, et lutter contre
l'arbitraire. Suzanne devient l'avocat du couvent: «Je me défendais. Je
défendais mes compagnes, et il n'est pas arrivé une seule fois qu'on
m'ait condamnée, tant j'avais d'attention à mettre la loi de mon côté»(53). En prenant la décision de revenir sur ses vœux et en confiant sa
défense à un avocat civil, Suzanne se place sous la protection des lois:
«Je serai sous la protection des lois. (...) J'aurai la bouche ouverte et la
liberté de me plaindre»(68). Rédiger le mémoire pour sa défense permet
à Suzanne d'exercer ses facultés mentales, les seules qu'elle reconnaît
pour siennes: «Mon esprit se rassit, je fus plus à moi»(56).

De Sainte-Marie à Longchamps, toute la première partie du roman
ne cesse de mettre en valeur la «fermeté» de Suzanne. A Sainte-Marie,
Suzanne provoque le scandale en disant d'une voix «ferme»: «Non monsieur, non»(26). A Longchamps, elle s'appuie sur les Constitutions pour
se refuser «fermement» aux actions contraires à la règle. Au grand vicaire venu la juger, Suzanne répond «fermement»: «J'y renonce»(98).
La voix du grand vicaire est également «ferme et dure»(96). La fermeté
est une valeur positive qui représente le contraire de la soumission passive et de l'abandon à son sort. Etre ferme, c'est ne pas céder. La fermeté est le signe d'une justesse d'âme qui permet à Suzanne de s'ériger
non seulement en avocat, mais en juge. C'est ainsi qu'elle peut qualifier
de «mômerie» la mortification que lui fait subir la supérieure Sainte-
Christine, quand elle la fait coucher dans une bière au milieu du chœur.
C'est cette fermeté qui lui permet de revendiquer ses droits: «Je veux,
madame, que vous ordonniez qu'on me fasse vivre»(84). C'est cette
fermeté qui lui permet de s'opposer à l'autorité arbitraire de la supérieure Sainte-Christine qui lui ordonne de jurer qu'elle a utilisé pour sa
confession tout le papier qu'elle a demandé: «Madame, il ne vous est

pas permis d'exiger un serment pour une chose si légère et il ne m'est pas permis de le faire. Je ne saurais jurer»(60).

La fermeté révèle la supériorité mentale de Suzanne, qui lui permet de critiquer «les têtes faibles», ces religieuses superstitieuses hantées par l'imaginaire satanique: «Celles-là croyaient ce qu'on leur disait, (...) me voyaient dans leur imagination troublée avec une figure hideuse, faisaient le signe de croix à ma rencontre et s'enfuyaient en criant: «Satan, éloignez-vous de moi!»(86) Le regard froid et ferme de Suzanne dénonce la superstition qui règne dans les couvents.

Face à cette fermeté, la supérieure et ses acolytes n'ont aucun pouvoir; elles peuvent torturer le corps de Suzanne, l'esprit ne cède pas. Il résiste. Le premier mouvement de Suzanne persécutée est de laisser parler son corps hystérique: «Mon premier mouvement fut de me détruire. (...) Je hurlai comme une bête féroce»(63). «Impatientée je le saisis avec violence, je l'arrachai, je le jetai par terre, et je restai devant ma supérieure, (...) la tête échevelée»(78). Mais ce premier mouvement implique un second mouvement qui le nie, mouvement de réflexion et d'exercice de la volonté, qui rend la narratrice à elle-même: «Je ne tardai pas à revenir à moi»(78). Le moi, c'est le rejet de l'hystérie, c'est le retour à la raison, c'est l'instance de contrôle. Même lorsqu'elle apprend la perte de son procès, qui était pourtant sa seule raison de vivre, Suzanne ne s'abandonne pas au désespoir. Loin de refléter l'abnégation de sa volonté, sa soumission à la règle et son acceptation de sa punition ne font que renforcer son alliance avec la loi, qui apparaît dans l'usage des verbes réfléchis: «Je commençai dès ce moment à me condamner à tout ce qu'on voudrait; (...) je m'interdis de moi-même le réfectoire et la récréation»(112). Alors que Suzanne a perdu tout espoir de libération légale, elle reste libre à l'intérieur du couvent, en s'appliquant la règle elle-même: sa soumission est une forme de résistance, parce qu'elle signifie une autodétermination de la volonté sur laquelle l'autorité arbitraire n'a aucun pouvoir.

Avec le personnage de Suzanne, Diderot invente une figure féminine différente de celles qu'il décrit dans son essai *Sur les femmes*. La qualité la plus grande de Suzanne est la fermeté, une fermeté qui s'exerce avant tout dans le domaine du jugement moral et légal. Sans passion, Suzanne se défie de l'instinct et des premiers mouvements du corps, dangereux et aliénants: «l'organe» qu'elle porte au-dedans d'elle-même ne dispose pas d'elle. Pour résister à l'arbitraire, elle se place du côté de la loi, civile ou religieuse. Elle prétend se tenir hors des stratégies de séduction, et s'adresse à son destinataire comme à un juge. Revendiquer sa liberté, pour Suzanne, ne signifie pas seulement protester contre ses vœux, mais aussi se battre contre le corps hystérique, contre l'imaginaire hystérique. Diderot ne cesse de mettre en valeur l'attitude rationnelle de son héroïne. C'est par sa voix qu'il dénonce les superstitions, les cruautés et les enfantillages des couvents. Dans toute la première partie du roman qui se passe aux couvents de Sainte-Marie et de Longchamps, il existe une cohérence du personnage de Suzanne et de l'argument idéologique de Diderot. Ce que Diderot révèle à travers le regard de Suzanne, c'est la perversion et l'aliénation qui résultent de l'enfermement entre les quatre murs d'un couvent et de l'obligation de mener une vie contraire à la nature.

3. L'économie animale

Dans un passage central, juste avant que Suzanne perde son procès, une voix philosophique s'élève pour dénoncer l'inhumanité de l'institution monastique. Un flou dans la ponctuation du manuscrit ne permet pas de savoir décisivement si le locuteur de ce passage, commençant par les mots «il me semble que», est Suzanne ou son avocat, Manouri:

> On s'occupe à nous (...) résigner à notre sort par le désespoir de le changer. Il me semble pourtant que dans un Etat bien gouverné ce devrait être le contraire. (...) Dieu a créé l'homme sociable, approuve-t-il qu'il se renferme? Dieu qui l'a créé si inconstant, si fragile, peut-il autoriser la témérité de ses vœux? Ces vœux qui heurtent la pente générale de la nature, peuvent-ils jamais être bien observés que par quelques créatures mal organisées en qui les germes des passions sont flétris, et qu'on rangerait à bon droit parmi les monstres (...)? Toutes ces cérémonies lugubres (...) suspendent-elles les fonctions animales? (...) Où est-ce que la nature révoltée d'une contrainte pour laquelle elle n'est point faite brise les obstacles qu'on lui oppose, devient furieuse, jette l'économie animale dans un désordre auquel il n'y a plus de remède? (...) Faire vœu de chasteté, c'est promettre à Dieu l'infraction constante de la plus sage et de la plus importante de ses lois; faire vœu d'obéissance, c'est renoncer à la prérogative inaliénable de l'homme, la liberté. (106-107)

L'institution monastique est inhumaine, parce qu'elle est incompatible avec ce que Diderot nomme «la plus sage et la plus importante des lois de Dieu», et cette loi n'est ni civile ni religieuse, c'est la loi de la nature, plus forte que toute loi décrétée par les hommes. Plusieurs expressions désignent ici cette loi: «la pente générale de la nature», «les germes des passions», «la nature», «l'économie animale.» Diderot est clair: il s'agit de la liberté du corps, de la nécessité de satisfaire l'instinct sexuel afin de ne pas devenir fou. Diderot ne parle donc pas d'une liberté abstraite, mais concrète, physique: la liberté du corps, du plaisir charnel. On reconnaît ici un argument que le philosophe a développé dans de nombreux autres textes, l'article «Animal» de l'*Encylopédie*, le *Supplément au voyage de Bougainville*, et *Le neveu de Rameau*. Les mots *inconstant*, *passions*, *nature*, *économie animale* sont des termes-clef du vocabulaire diderotien: ils désignent l'inconstance naturelle de l'être humain, inconstance qui invalide a priori les promesses éternelles.

Suzanne peut-elle être l'auteur de ces questions? Certains critiques ont objecté qu'elles témoignaient d'une capacité de réflexion philosophique inaccessible à une jeune fille au XVIIIe siècle. Mais ce n'est pas le problème: les mots *économie animale* ou même *nature* sont étrangers au vocabulaire de Suzanne non parce qu'ils sont trop philosophiques pour elle, mais simplement parce qu'elle ignore quelle réalité ils désignent.

Si *La religieuse* est, comme le soutient Diderot en 1780, une «effroyable satire des couvents», si le personnage de Suzanne lui sert à démontrer l'inhumanité de l'institution monastique, et si, comme le texte le dit explicitement, cette inhumanité provient d'une répression de la «nature», il serait logique de décrire une héroïne en proie à ces désirs réprimés, étouffés par la vie au couvent, une héroïne qui ne puisse supporter la *contrainte* et les *obstacles* que la règle monastique lui impose. Paradoxalement, ce n'est pas le cas. Il n'existe pas de meilleure religieuse que Suzanne. Elle se protège derrière la règle monastique; et surtout, elle n'a aucun désir charnel, aucune passion. Tous les personnages s'en étonnent tour à tour, et leur étonnement prouve qu'il s'agit d'un phénomène qui, précisément, n'est pas «naturel.» «Cela ne se conçoit pas», dit la mère Sainte-Christine (76). «Une douleur aussi violente n'aurait-elle pas quelque motif secret?», demande l'avocat Manouri. Le grand vicaire Hébert lui-même, cet homme si juste et impartial, finit par soupçonner la relation de Suzanne et de Manouri. La plus surprise est bien sûr la supérieure de Saint-Eutrope, qui ne comprend rien à ce silence du «cœur»: «-Quoi! ce n'est pas une passion, ou secrète ou désapprouvée de vos parents qui vous a donné de l'aversion pour le couvent? Confiez-moi cela. Je suis indulgente»(156).

La pureté de Suzanne paraît inconcevable aux autres personnages du roman, qui reconnaissent également sa qualité de bonne religieuse. Ursule, la seule amie de Suzanne à Longchamps, lui dit: «Il est incroyable que vous ayez tant d'aversion pour un état dont vous remplissez si facilement et si scrupuleusement les devoirs»(68). La mère Sainte-Christine, qui ne l'aime pas, lui fait exactement la même remarque: «Personne ne remplit mieux ses devoirs que vous»(76). C'est un fait: Suzanne proteste contre ses vœux, mais elle observe remarquablement la vie monastique; loin de souffrir de la règle religieuse, de cette contrainte imposée à la liberté du corps, elle utilise la règle pour se protéger du corps. Ce n'est nulle part plus clair qu'au couvent de Sainte-Eutrope, où Suzanne ne cesse d'opposer la règle aux étranges manières et caprices de la mère supérieure: «Chère mère, lui dis-je, mais cela est défendu»(163). A la subjectivité du désir de la supérieure, Suzanne oppose la neutralité de la loi: «cela.» Suzanne est une religieuse irréprochable. Or, dans le passage où Diderot, ou l'avocat Manouri, dénonce l'institution monastique, il écrit que les vœux religieux ne peuvent «être bien observés que par quelques créatures mal organisées en qui les germes des passions sont flétris, et qu'on rangerait à bon droit parmi les monstres.» Faut-il en conclure que Suzanne est un monstre?

On pourrait dire que Diderot a choisi une héroïne pure de tout désir afin de rendre son désir de liberté inattaquable moralement. Mais un tel choix ne se justifie pas, puisque Diderot attaque les couvents précisément parce que le vœu de chasteté est contraire à ce qu'il appelle la «nature.» Il existe ici, entre l'argument idéologique de Diderot contre les couvents et la lutte de Suzanne pour une liberté abstraite et pure, lutte avec l'aide de la règle contre les dérèglements du corps, une incohérence qui mérite d'être interrogée.

Cette incohérence devient encore plus nette dans la seconde partie du roman, au couvent de Sainte-Eutrope. Jusque là, le bien et le mal étaient clairement séparés: le mal se trouvait du côté de l'institution et de celles qui se laissaient pervertir par elle; le bien, du côté de Suzanne, de son amie Sainte-Ursule, et des hommes, c'est-à-dire de ceux qui savaient résister à la perversion et restent humains. A Sainte-Eutrope, la situation est plus complexe: il n'y a pas d'un côté celle qui souffre, de l'autre celle qui fait souffrir, d'un côté la juste et la sainte, de l'autre l'injuste et la cruelle. Suzanne, de victime persécutée, devient à son insu bourreau et persécutrice. Le rapport entre Suzanne et la mère supérieure de Sainte-Eutrope n'est plus un simple rapport de pouvoir; c'est un rapport de désir.

4. Le triangle du désir

Sainte-Eutrope apparaît comme le lieu du féminin par excellence, de ce féminin hystérique que rejette Suzanne pour conquérir sa liberté. Dans sa première description de la mère supérieure, Suzanne la montre comme une femme agitée, désordonnée, pleine de contradictions, sans cesse en mouvement, sans suite dans les idées, capricieuse et inégale. A l'image de la mère supérieure, le couvent tout entier est désordonné: «Sa figure décomposée marque tout le décousu de son caractère. Aussi l'ordre et le désordre se succédaient-ils dans la maison»(130). Le premier commentaire de Suzanne est un jugement qui condamne ce désordre et révèle à nouveau sa fermeté d'esprit et son amour de la règle: «On est très mal avec ces femmes-là. (...) Il n'y a rien de réglé. (...) Il n'y a ni vraie distance, ni mesure»(130-131). Le dérèglement caractérise la vie à Sainte-Eutrope, et ce dérèglement se traduit par la douceur: douceur des fruits, des massepains et des confitures que mangent les religieuses, douceur des cafés sucrés et des petites visites que se font les religieuses, douceur du temps passé à parler entre amies et jouer de la musique, douceur des larmes versées sur les récits de Suzanne, douceur des caresses «innocentes»:

> Ce fut elle qui me déshabilla. Elle me tint cent propos doux, et me fit mille caresses qui m'embarrassèrent un peu, je ne sais pas pourquoi. (...) Cependant j'en parlai à mon directeur qui traita cette familiarité, qui me paraissait fort innocente et qui me le paraît encore, d'un ton fort sérieux et me défendit gravement de m'y prêter davantage. (135)

Face à ce dérèglement du féminin, la réaction de Suzanne est apparemment la même à Sainte-Eutrope qu'à Longchamps: gagner la protection de la règle, ici énoncée par le confesseur, de manière à ne pas perdre sa liberté intérieure.

A Sainte-Eutrope, chaque scène qui met en scène le corps s'accompagne d'une affirmation d'innocence. Le mot *innocence*, l'adjectif *innocente* ne cessent de revenir sous la plume de Suzanne: les caresses, les familiarités, les faveurs sont toutes dites «innocentes». «Je ne demandais pas mieux que d'ajouter à son bonheur d'une manière aussi innocente»(148), dit Suzanne. Elle cite la mère supérieure comme le meilleur témoin de son innocence: «L'innocente! ah! la chère innocente!»(149) «Qu'elle est innocente!»(158) On a beaucoup glosé sur l'innocence de Suzanne.[14] On sait d'abord que l'innocence de la narratrice est invraisemblable puisque Suzanne révèle à la fin qu'elle a appris le sens de ces gestes et caresses dont elle revendique encore l'incompréhension au temps de son récit. Cette innocence est par ailleurs incompatible avec le personnage de Suzanne tel que Diderot l'avait esquissé jusque-là; à Longchamps, Suzanne n'était pas si innocente, comme le montre cette accusation suggestive contre ses compagnes et la supérieure Sainte-Christine: «Je m'étais échappée en discours indiscrets sur l'intimité suspecte de quelques unes des favorites. La supérieure avait des tête-à-tête fort longs et fréquents avec un jeune ecclésiastique, et j'en avais démêlé la raison et le prétexte»(53). Diderot prive Suzanne à Sainte-Eutrope de l'intelligence intuitive dont il la douait à Longchamps, la rendant complètement ignorante et aveugle aux signes les plus évidents. Alors que Suzanne, à Longchamps, critiquait violemment l'imbécilité des religieuses et que cette critique révélait sa propre fermeté d'esprit, à Sainte-Eutrope l'affirmation répétée de son innocence la rend imbécile. A Sainte-Eutrope, Diderot utilise Suzanne pour transformer sa critique idéologique d'une institution inhumaine en roman érotique. Comme on l'a dit maintes fois, l'insistance sur l'innocence de Suzanne est trop forte pour qu'on n'y sente pas un clin d'œil au lecteur devenu voyeur à son insu. A travers l'œil «innocent» de Suzanne, Diderot décrit avec une extrême précision des scènes de plaisir saphique. Les scènes racontées par Suzanne, le «déshabiller» de Suzanne par la mère supérieure (134), la leçon de clavecin pendant laquelle la mère supérieure place ses doigts sur la gorge de Suzanne et défaille, la scène où les baisers dociles de Suzanne provoquent l'orgasme de la supérieure, la scène où la supérieure écoute le récit des supplices subis par Suzanne, la scène où elle demande à partager le lit de Suzanne, aboutissent toutes à la jouissance de la mère supérieure, dont l'héroïne troublée

---

[14] Voir Jacques Proust: «Cantate de l'innocent», dans *L'Objet et le Texte*. Genève: Droz, 1980, p. 156; Roger Kempf, *Diderot et le roman, ou le démon de la présence*. Paris: Seuil, 1964.

décrit les symptômes sans savoir les interpréter: «En vérité, cette folle-là était d'une sensibilité incroyable, et avait le goût le plus vif pour la musique. Je n'ai jamais connu personne sur qui elle eût produit des effets aussi singuliers»(145).

Pourquoi Diderot fait-il de son héroïne rationnelle et ferme en une innocente ingénue incapable de donner sens aux gestes les plus clairs? S'agit-il uniquement de transformer le lecteur, et le vertueux Croismare pour commencer, en voyeur? S'agit-il de faire rire le lecteur en lui révélant sa propre lubricité? Pourquoi Diderot passe-t-il de la satire des couvents à un texte érotique?

L'innocence de Suzanne n'est pas purement sexuelle: elle se double d'une ignorance psychologique. Son arrivée à Sainte-Eutrope marque son entrée dans une dynamique triangulaire qui est celle du désir. Suzanne n'est pas seule face au désir de la mère supérieure. Un autre personnage intervient, sœur Thérèse. La structure des scènes est à chaque fois presque la même: Suzanne se soumet docilement aux «ordres» de la mère supérieure qui provoquent le trouble physique des deux protagonistes, trouble bientôt interrompu par une irruption de Thérèse, dont la violence produit en retour l'étonnement de Suzanne. Suzanne s'interroge sur l'étrange comportement de Thérèse et parvient à se l'expliquer: «Il me vint en idée que cette jeune fille était jalouse de moi»(140). Elle s'adresse alors à Thérèse de manière à désamorcer le processus de jalousie: «Soyez sûre que je ne me servirai de la confiance qu'elle m'accordera, que pour vous rendre plus chérie»(140). La réponse de Thérèse ne témoigne pas de la gratitude qu'une offre si généreuse ferait attendre: «'Et cela dépendra-t-il de vous? – Et pourquoi cela n'en dépendrait-il pas?' Au lieu de me répondre, elle se jeta à mon cou et elle me dit en soupirant: 'Ce n'est pas votre faute, je le sais bien. Je me le dis à tout moment...'»(140)

Cet échange contient en quelques répliques toute la dynamique triangulaire du désir qui se déploie à Sainte-Eutrope. A Sainte-Marie et à Longchamps, Suzanne persécutée avait recours au pouvoir des mots pour lutter contre l'arbitraire et le dérèglement féminins. A Sainte-Eutrope, face à l'inquiétude de Sainte-Thérèse, Suzanne utilise la même méthode rationnelle: les mots lui semblent propres à désamorcer la jalousie, et à mettre fin à la souffrance de Thérèse. Son interprétation n'est pas erronée: Thérèse est jalouse. Et pourtant Suzanne se trompe: elle se trompe sur l'origine de cette jalousie, et surtout sur le pouvoir des mots. La réponse de Thérèse est une question: «Et cela dépendra-t-il de vous?»

Cette simple question, que Suzanne ne parvient pas à comprendre, fait soudain entrer une autre dimension dans le texte, une vérité qui est de l'ordre du désir, et sur laquelle les mots n'ont aucun pouvoir. Suzanne peut nommer le processus de jalousie; mais le nommer ne suffit pas à le désamorcer, car il se joue sur un autre plan, et sa réalité n'est pas de l'ordre des mots. La parole ne régit pas les rapports du désir, elle ne fait que les constater. La meilleure volonté du monde n'y peut rien: «Ce n'est pas votre faute, je le sais bien», dit Thérèse.

Alors que Suzanne, en revendiquant son innocence, reste dans un système manichéen du bien et du mal réglé par la loi juridique et morale, Thérèse, en déchargeant Suzanne de toute responsabilité, va beaucoup plus loin: elle énonce une loi qui est celle de la nature, et qui s'exerce au-delà et contre les mots, à l'intérieur du couvent comme à l'extérieur. Dans ce bref échange entre Thérèse et Suzanne se joue quelque chose d'essentiel. Jusque là, le symbolique était gagnant. A Sainte-Eutrope, la souffrance et le silence de Thérèse révèlent d'emblée que le pouvoir rationnel des mots n'est rien par rapport à cette autre dimension qui se moque de la liberté, et qui se situe au delà ou en deça du langage symbolique.

La deuxième partie du roman, à Sainte-Eutrope, révèle l'échec des mots et de l'interprétation rationnelle face à la vérité du corps. Suzanne ne cesse de réfléchir, d'interpréter les signes et de se tromper. Comme dans la première partie du roman, l'emploi des verbes réfléchis indique la volonté d'autodétermination:

> Je m'interrogeai sur ce qui s'était passé entre la supérieure et moi. Je m'examinai (...). Le résultat de mes réflexions, c'est que c'était peut-être une maladie à laquelle elle était sujette. Puis il m'en vint une autre, c'est que peut-être cette maladie se gagnait, que Sainte-Thérèse l'avait prise, et que je la prendrais. (151-152)

L'erreur d'interprétation ne vise pas seulement à faire rire le lecteur et à érotiser le texte; elle porte le soupçon sur le processus même de l'interprétation, en révélant que la réflexion et la tentative de contrôler les mouvements du corps par les mots ne servent à rien quand le corps parle. Les symptômes que décrit Suzanne sont vrais: ce trouble, ce tremblement, cette défaillance du corps ne trompent pas; ce qui trompe, c'est l'interprétation, c'est la pensée logique de Suzanne, cette pensée rationnelle qui lui sert de garde-fou contre les élans du corps et qui l'empêche de s'abandonner à son tour. La vérité que dévoile Suzanne à son insu dans la deuxième partie du roman, c'est l'impuissance de la volonté et l'erreur de la réflexion dans le domaine du désir, toutes deux inaptes à garder le corps sous contrôle.

Devant les symptômes physiques de la douleur de Sainte-Thérèse, Suzanne continue à tenter de maîtriser par les mots la violence du sentiment: «Que craignez-vous de moi? (...) Est-ce que notre mère ne peut pas nous aimer également toutes les deux? -Non, non, me répondit-elle avec violence, cela ne se peut. Bientôt je lui répugnerai, et j'en mourrai de douleur»(145). Comme toutes les autres femmes du roman, Thérèse est décrite par Suzanne comme une hystérique: «C'était cette extravagante de Sainte-Thérèse; son vêtement était en désordre; ses yeux étaient troublés (...); les lèvres lui tremblaient, elle ne pouvait parler»(145). Désordre du vêtement, trouble des yeux, tremblement des lèvres et aphasie, on retrouve les symptômes qui caractérisent depuis le début la folie, une folie à laquelle Suzanne oppose le calme de la raison. Cherchant à comprendre la violence hystérique de Thérèse, Suzanne l'interprète comme un effet de la vie monastique:

> Nous nous séparâmes, elle pour aller se désoler dans sa cellule, moi pour aller rêver dans la mienne à la bizarrerie des têtes de femmes. Voilà l'effet de la retraite. L'homme est né pour la société. Séparez-le. Isolez-le. (...) Mille affections ridicules s'élèveront dans son cœur. Des pensées extravagantes germeront dans son esprit... (146)

Ce passage sur «l'effet de la retraite» est célèbre: dans les exégèses du roman, on le cite souvent comme une pique envoyée par Diderot à Rousseau qui, à la même époque, exaltait dans ses écrits les vertus de la solitude et critiquait la vie en société. On peut aussi y voir une pointe destinée au marquis de Croismare lui-même, qui avait quitté une vie de plaisir à Paris pour une retraite à la campagne. Si l'on ôte ce passage de son contexte, on peut certainement lui donner ce sens, y lire un message satirique, et l'attaque indirecte d'un philosophe contre un autre. Dans son contexte immédiat, le sens de ce passage est tout à fait différent. Qu'exprime-t-il? Un contresens psychologique de Suzanne. Elle traite de «bizarrerie», d'«affection ridicule» et de «pensée extravagante» la violente déclaration de Thérèse, qui dit qu'elle répugnera bientôt à la supérieure et en mourra. Ce que Suzanne appelle ridicule, bizarre et extravagant ne l'est que parce que la logique du désir lui échappe; pour le lecteur, qui sait donner aux paroles et à la souffrance de Thérèse leur vrai sens, il s'agit d'une vérité sexuelle et psychologique. Thérèse a raison, bien plus que Suzanne: aucune action volontaire de Thérèse ou de Suzanne ne pourra modifier le désir de la mère supérieure. Le désir peut être exacerbé par la retraite au couvent, qui réduit les choix d'objet, mais il n'en est pas le résultat: c'est précisément pour défendre la loi naturelle du désir, ou ce que Diderot nomme «la pente générale de la nature», qu'il s'attaque à l'institution monastique. Le roman donne raison à Thérèse, non à Suzanne: le sort tragique que Thérèse se prédit à elle-même est précisément celui que subit la mère supérieure amoureuse de Suzanne: elle meurt de ne pouvoir supporter l'indifférence de Suzanne.

Ce qui se passe ici est important. Le passage idéologique contre les couvents, l'attaque contre la misanthropie rousseauiste, se lit aussi comme le contre-sens d'une héroïne qui ne comprend rien à la loi du désir. Voilà de quoi jeter le soupçon sur l'idéologie. Cette double-lecture possible rend le texte ambigu et pervers: le discours rationnel de Suzanne contient peut-être une vérité abstraite et générale sur «l'effet de la retraite», mais ce discours se fonde sur un malentendu et sur une incompréhension de la vérité affective.

Ce passage où l'on a voulu lire la vérité idéologique du texte se retourne en fin de compte contre l'héroïne, en démasquant son ignorance de la réalité psychologique, et, tout simplement, son ignorance de l'autre. Plus le roman progresse vers sa fin, plus l'«innocence» de Suzanne se manifeste comme l'ignorance de l'altérité. L'ignorance affective de Suzanne a des conséquences morales graves: elle transforme en persécutrice la persécutée, la victime en bourreau.

La mère supérieure perverse qui abuse de son autorité pour se faire caresser par ses religieuses apparaît comme un personnage plus humain que Suzanne, et cela dès sa première apparition dans le texte, dès la première description que Suzanne donne d'elle: «Veut-elle parler? elle ouvre la bouche, avant que d'avoir arrangé ses idées; aussi bégaye-t-elle un peu; est-elle assise? elle s'agite sur son fauteuil, comme si quelque chose l'incommodait; elle oublie toute bienséance, elle lève sa guimpe pour se frotter la peau, elle croise ses jambes; elle vous interroge, vous lui répondez et elle ne vous écoute pas»(129). On a souvent rapproché ce passage, avec ses phrases courtes et sa vivacité, de deux autres textes bien connus de Diderot, une lettre à Sophie Voland du 11 août 1759 dans laquelle Diderot donne des habitants de Langres une description qui semble proche de l'autoportrait, et *Le Neveu de Rameau*, où certaines descriptions du neveu sont très similaires à celle de la supérieure de Sainte-Eutrope. Cette mère supérieure correspond donc à un type diderotien familier, type d'une mobilité et d'une versatilité qui sont celles de la vie-même et qui transcendent tout ordre (de la raison ou du couvent), parce qu'il n'arrive ni à les saisir ni à les cerner.

De scène en scène, la relation entre Suzanne et la mère supérieure à la fois se fige et progresse. Le corps de Suzanne a beau se troubler, sa volonté a beau l'abandonner, elle persiste à revendiquer son innocence, et si sa fermeté lui sert maintenant à quelque chose, c'est uniquement à refuser de comprendre ce trouble du corps:

> – Si tu voulais, chère enfant, je te deviendrais plus claire.
> – Non, chère mère, non. Je ne sais rien, et j'aime mieux ne rien savoir (...).
> – Qu'elle est innocente!
> – Oh! il est vrai, chère mère, que je le suis beaucoup, et que j'aimerais mieux mourir que de cesser de l'être. (158)

Plus Suzanne refuse de savoir, plus le désir de la supérieure se transforme en souffrance, puis en folie, par l'impossibilité, non seulement de le satisfaire, mais même simplement de le faire entendre. Le premier signe de la folie, c'est l'inquiétude et l'«errance», la nuit, dans les corridors du couvent: «L'inquiétude commençait à s'emparer de la supérieure; elle perdait sa gaîté, son embonpoint, son repos. (...) après avoir erré quelque temps dans les corridors, elle vint à ma cellule»(160). Le deuxième signe, c'est la supplication adressée à Suzanne: «Chère amie, ayez pitié de moi!»(162) «Que faut-il que je fasse?»(162) demande Suzanne à la mère supérieure, et quand celle-ci prend sur elle d'énoncer clairement son désir, Suzanne réplique: «mais cela est défendu»(163). Suzanne a le droit pour elle. Ce qui fait souffrir la mère supérieure, ce n'est pas seulement la violence de son désir frustré pour Suzanne, mais aussi, et surtout, l'innocence de Suzanne, cette innocence qui est l'ignorance du désir et du mal qu'il contient.

5. Folie et vérité

La folie de la mère supérieure, la violence de son désir, son désespoir et sa mort impliquent l'existence d'une force dépassant sa volonté, une force qu'elle reconnaît avec humilité: «cela ne dépend pas de moi...(...) Je ne vois pas comment votre P. Lemoine voit ma damnation scellée dans une partialité si naturelle et dont il est si difficile de se garantir»(184-185). La mère supérieure excuse son errance en invoquant cette *nature* qui lui impose sa loi, et l'on reconnaît dans ses paroles arrachées par la souffrance l'argument de Diderot contre une institution qui prétend stopper le cours de la nature. Alors que la mère supérieure s'humanise par la souffrance et la folie qui prouvent qu'elle est un être passionné et donc incapable de supporter la vie monastique, Suzanne, par contre, régresse, dans son acharnement à refuser d'entendre le langage du corps. Au directeur qui l'interroge, elle dit tout, elle qui savait si bien dissimuler pour les besoins de sa cause au couvent de Longchamps; elle est déterminée à tenir la promesse qu'elle fait à son confesseur, alors que, à Longchamps, n'étaient valides que les engagements qu'elle prenait envers elle-même. Mais surtout, alors que Suzanne rationnelle, sceptique et ferme se moquait des religieuses superstitieuses qui la prenaient pour Satan, elle cède maintenant aux mêmes terreurs imaginaires:

> L'image sous laquelle mon directeur me l'avait montrée se retraça à mon imagination; le tremblement me prit, je n'osai la regarder; je crus que je la verrais avec un visage hideux, et toute enveloppée de flammes, et je disais au-dedans de moi, *Satana, vade, retro, apage, Satana.* (181)

Ce ne peut être un hasard si Diderot utilise la même formule que prononçaient les religieuses de Longchamps pour se protéger de Suzanne, mais en latin: l'emploi du latin traduit une superstition et une soumission à l'autorité des pères encore plus fortes. La répétition de la formule d'exorcisation reflète le triomphe de l'imaginaire, ce triomphe redouté par Suzanne comme un signe d'hystérie et le premier degré de la folie.

Face à Suzanne soumise à la parole du père confesseur et aux images qu'il lui impose, c'est maintenant la mère supérieure rendue folle par l'amour qui incarne la raison:

> Elle ne me suivait point, elle restait à sa place, et elle me disait, en tendant doucement ses deux bras vers moi, et de la voix la plus touchante et la plus douce: «Qu'avez-vous? D'où vient cet effroi?

> Arrêtez... Je ne suis point Satan. Je suis votre supérieure et votre amie.» (182)

La raison, loin de s'opposer au corps et à ses dérèglements, n'est plus que l'expression humble de sa souffrance. Les dernières images de la supérieure reproduisent celle de la religieuse folle qui avait terrorisé Suzanne au début du roman, et qui avait déterminé son engagement de lutter pour conquérir sa liberté:

> Un matin, on la trouva pieds nus, en chemise, échevelée, hurlant, écumant et courant autour de sa cellule. (...) Sa prison ne fut pas si bien gardée qu'elle ne réussit un jour à s'en échapper. Elle avait déchiré ses vêtements; elle parcourait les corridors toute nue; seulement deux bouts de corde rompue descendaient de ses deux bras; elle criait. (203)

Le roman s'achève peu après ces scènes et l'annonce de la mort de la mère supérieure et de la sœur Thérèse. Le récit lui-même se termine sur ces descriptions: après la mort de la supérieure, le récit se compose seulement de fragments.

En luttant pour sa liberté et son innocence, Suzanne a finalement conquis un seul pouvoir: celui de faire souffrir, celui d'ignorer le désir de l'autre, celui de rejeter l'autre, pouvoir qui était celui de sa mère inflexible dans la scène du carrosse. La lutte de Suzanne pour une liberté juridique et rationnelle aboutit à reproduire des schémas déterminés par le désir et l'imaginaire. Les fragments qui achèvent le roman font triompher la dimension rejetée par Suzanne, celle du corps, du désir et de l'imaginaire. La première expérience de Suzanne en sortant du couvent est une tentative de viol: hors de la protection des murs, la nature reprend son cours et fait entendre sa voix, et il serait difficile de répliquer au jeune bénédictin comme à la mère supérieure «mais cela est défendu», car les mots, et le droit, face au désir ne font pas le poids; seule la lutte physique peut l'arrêter: «Rixe violente entre le fiacre et le moine.» Hors du couvent, Suzanne découvre aussi que le couvent est inscrit dans son corps, en dépit de sa volonté. Elle reproduit «machinalement» les gestes d'une religieuse, dans un automatisme qui révèle encore le pouvoir du corps: «Une cloche vient-elle à sonner? Ou je fais le signe de la croix, ou je m'agenouille. Frappe-t-on à la porte? je dis *Ave*»(209). Alors même qu'elle a conquis sa liberté tant désirée, cette liberté ne lui sert qu'à implorer la protection du marquis, et à lui de-

mander une «place»: «Il me faudrait une place (...), pourvu que je vé-
cusse ignorée dans une campagne, au fond d'une province (...). De la
sécurité, du repos, du pain et de l'eau»(209-210). De l'intérieur du
couvent, Suzanne réclamait l'espace de la liberté. De cet espace, elle
réclame des murs qui la protègent contre le monde. Les petits paragra-
phes fragmentés qui achèvent le récit ne servent qu'à contredire les
exigences formulées au cours du roman, et à révéler une peur de la
liberté au dehors, peur de la nature, peur des autres. Cette liberté
qu'elle réclamait, Suzanne n'en a pas l'usage, car la liberté abstraite et
vide de contenu n'existe pas. Il lui faut une place, il lui faut des murs.
Enfin, le post-scriptum aux mémoires opère aussi un retour en arrière
par rapport à l'exigence éthique de Suzanne, qui prétendait s'adresser
au marquis de Croismare comme à un juge moral et impartial:

> Si le marquis (...) venait à se persuader que ce n'est pas à sa
> bienveillance mais à son vice que je m'adresse, que penserait-il
> de moi? Cette réflexion m'inquiète. En vérité, il aurait bien tort
> de m'imputer persnnellement un instinct propre à tout mon sexe.
> Je suis une femme, peut-être un peu coquette, que sais-je? mais
> c'est naturellement et sans artifice. (210)

Celle dont le récit devait raconter la lutte contre son destin de femme
l'achève sur ces mots: «Je suis une femme.»

La religieuse de Diderot est un roman pervers, au sens étymologique
du mot pervers: il se retourne contre ses prémisses. Ces prémisses,
c'est la lutte pour la liberté, à la fois lutte juridique pour la liberté civile, et lutte rationnelle pour la liberté mentale. Dans toute la première
moitié du roman, aux couvents de Sainte-Marie et de Longchamps, la
folie représente l'aliénation contre laquelle se bat Suzanne pour conser-
ver à tout prix une liberté essentielle, celle de l'esprit.

Dans la deuxième partie du roman, à Sainte-Eutrope, la folie devient
la figure de la vérité: la souffrance, le délire et la mort de Thérèse et de
la mère supérieure, sont plus vrais que l'innocence de Suzanne, une
innocence qui n'a d'autre sens et d'autre but que d'échapper à la folie et
à l'aliénation du désir.[15] La seconde partie du roman révèle qu'il

---

[15] Pour Roger Lewinter, le vrai sujet du roman serait la «destruction du sujet par lui-
même dans la maladie ou la folie.» Voir *Diderot ou les mots de l'absence, éd. cit.*,
p. 72.

n'existe pas de liberté hors de l'aliénation. Etre libre, c'est reconnaître son absence de liberté, c'est accepter le déterminisme du corps, c'est accepter l'arbitraire du désir, de cette «partialité si naturelle» qui ne dépend ni de la supérieure, ni de Thérèse ni de Suzanne. Le roman de l'innocence persécutée luttant pour faire entendre la vérité devient alors le roman de l'innocence persécutrice luttant pour dénier la vérité: c'est l'innocence comme refus de savoir qui rend l'autre folle, car cette innocence signifie l'ignorance de l'autre. L'innocence de Suzanne la rend monstrueuse, alors que le délire de la supérieure et la jalousie folle de Thérèse prouvent leur humanité. *La religieuse* brouille les frontières entre le bien et le mal, entre l'innocence et la culpabilité.

Ce roman dépasse donc à la fois le contexte ludique d'une histoire écrite pour jouer un tour à un ami réfugié dans une solitude dévote, et le contexte idéologique de l'«effroyable satire des couvents», pour reprendre les mots utilisés par Diderot pour qualifier son récit vingt ans après l'avoir écrit. Ni ludique, ni idéologique, ni érotique, et les trois à la fois, *La religieuse* est un grand roman psychologique qui redéfinit la liberté. A travers la cruauté innocente de Suzanne, le roman critique l'usage de la rationalité contre le corps et révèle qu'il n'existe pas de liberté pure. Le roman défait la division dichotomique sur laquelle se fonde le combat de Suzanne dans la première partie du roman, division entre l'esprit ferme d'un côté, le corps mou de l'autre, entre la raison d'un côté, la folie de l'autre. La deuxième moitié du roman montre qu'il n'y a finalement de raison que dans la folie, de vérité que passant par le corps, par la souffrance et l'aliénation du corps. Ce roman, alors même qu'il s'érotise en décrivant les *égarements* de la supérieure, devient beaucoup plus sérieux et profond: il révèle l'humanité que contient l'égarement, il montre que ce qui échappe contient quelque chose de beaucoup plus fort, de plus violent et de plus vrai que ce qui reste sous contrôle.

Comment faut-il lire ce retournement, cette perversion du roman? Faut-il voir, dans l'échec du combat de Suzanne pour la liberté et dans ce discours d'un philosophe sur les femmes, la misogynie de Diderot interdisant aux femmes de sortir d'une féminité emprisonnante les vouant à l'hystérie et à l'emprise de la passion? Si Diderot, dans *La religieuse* et dans son essai *Sur les femmes*, attribue aux femmes un destin qui est celui de leur corps, de cet «organe susceptible de spasmes terribles», il ne faut pas donner à cette définition un sens négatif. Ce qui s'y exprime, c'est au contraire l'admiration, voire la fascination du philosophe pour un pouvoir dépassant les limites rationnelles respectées par les hommes que conditionne leur éducation. Dans *La religieuse*, ce n'est pas seulement le couvent qui devient métaphore, métaphore de la folie ou de l'aliénation du désir qui se révèle en fait être la seule forme de la liberté; c'est aussi la femme, toutes ces mères supérieures hystériques, qui deviennent la métaphore du pouvoir de l'imaginaire, un pouvoir qui démasque les leurres de la raison pure.

V
1777:
MME DE T..., OU LA DÉCENCE

Les premiers mots auraient pu commencer une grande histoire d'amour, mais le récit se débarrasse en cinq lignes de tous les romans:

> J'aimais éperdument la Comtesse de...; j'avais vingt ans, et j'étais ingénu; elle me trompa, je me fâchai, elle me quitta. J'étais ingénu, je la regrettai; j'avais vingt ans, elle me pardonna; et comme j'avais vingt ans, que j'étais ingénu, toujours trompé, mais plus quitté, je me croyais l'amant le mieux aimé, partant le plus heureux des hommes. Elle était amie de madame de T...[1]

Dans ce paragraphe d'ouverture avec son rythme de danse en deux et trois pas, le narrateur expédie des mois de tourments amoureux pour introduire dès la sixième ligne une femme autre que la Comtesse éperdument aimée, et qui sera l'héroïne du récit. Ainsi procède le libertinage: il élimine avec ironie les pesanteurs du sentiment pour décrire avec légèreté des moments de plaisir sans conséquences. *Point de lendemain*: le titre annonce les enjeux.

Le jeune homme venu attendre sa maîtresse à l'opéra se fait aborder par l'amie de cette dernière, Mme de T... Elle l'enlève et l'embarque dans sa voiture, qui file vers une destination inconnue. Il se laisse docilement faire en espérant une *bonne fortune*. Mais Mme de T... lui révèle bientôt la clef du mystère: elle souhaite simplement s'épargner l'ennui d'un tête à tête avec son mari qu'elle retrouve ce soir pour une réconciliation après une séparation de cinq ans. Après le dîner, le mari se retire et Mme de T... invite son compagnon à découvrir les jardins du château. La promenade mène aux confidences, les confidences aux

---

[1] Vivant Denon, *Point de lendemain*, dans *Romanciers du XVIIIe siècle*, tome II, p. 385-402, édition d'Etiemble, Paris, Gallimard, Bibliothèque de la Pléiade, 1965.

baisers, les baisers à une querelle, la querelle à une intimité plus grande, jusqu'à ce que se consomme le sacrifice à l'amour dans un pavillon du jardin. L'aventure ne s'arrête pas là: Mme de T... conduit son amant dans un cabinet du château autrefois construit par son mari et contenant toutes sortes de ressources érotiques pour «donner du ressort à son âme»; ils y passent le reste de la nuit dans les plaisirs. A l'aube, le jeune homme quitte précipitemment Mme de T... et se retrouve dans les jardins où survient le Marquis, amant officiel de Mme de T..., qui apprend à son ami qu'il a été manipulé: il s'agissait d'aiguiller les soupçons du mari sur la mauvaise personne. Maintenant qu'il a rempli son emploi, il peut partir, et le Marquis lui offre sa voiture. Le jeune homme y monte et conclut: «Je cherchai bien la morale de toute cette aventure et... je n'en trouvai point.»

C'est un récit dont on a beaucoup parlé en France récemment. Il y a eu trois rééditions successives de la nouvelle, accessibles au grand public.[2] Parallèlement des romanciers se sont intéressés à cette histoire et à son auteur: Milan Kundera en propose une lecture dans son roman *La lenteur*;[3] Philippe Sollers, qui mentionnait et citait déjà *Point de lendemain* dans son roman autour de Watteau, *La fête à Venise*, publie une biographie de Vivant Denon, *Le Cavalier du Louvre*, dans laquelle il consacre un chapitre à *Point de lendemain* sous le titre «Une leçon de nuit.»[4]

Point de lendemain devient ainsi l'occasion d'un débat contemporain sur le plaisir et sur ce que Kundera nomme «l'idéal hédoniste des Lumières». Les critiques concordent sur un point: *Point de lendemain*, nouvelle parfaite par la maîtrise du récit, la rapidité, la netteté du style et le tranchant de l'ironie, incarne l'esprit de plaisir du XVIIIe siècle ou même représente son apogée. Tous, sauf Sollers, s'accordent sur un autre point: la réalité humaine ne se réduit pas à l'image qu'en donne *Point de lendemain*; la nouvelle «rend compte d'un bonheur qui n'est

---

[2] Vivant Denon, *Point de lendemain*, introduction de René Démoris. Paris: Desjonquères, 1987; dans *Romans libertins du XVIIIe siècle*, édité par Raymond Trousson. Paris: Laffont, collection Bouquins, 1993; suivi de *La petite maison* de Jean-François Bastide, édité par Michel Delon. Paris: Gallimard, Folio, 1995.

[3] Milan Kundera, *La lenteur*. Paris: Gallimard, 1995.

[4] Philippe Sollers, *La fête à Venise*. Paris: Gallimard, 1991. *Le Cavalier du Louvre*. Paris: Plon, 1995, p. 81-113.

peut-être que la bonne santé de la jeunesse»[5]; le libertinage, qui ne se soucie que des corps, semble oublier que l'homme n'est pas une machine à jouir; la prééminence accordée au plaisir dans *Point de lendemain* implique un oubli de la réalité, ou une fixation de la réalité à l'âge de l'adolescence, cet âge critique où l'on découvre le plaisir sans se soucier du lendemain.

On retrouve ici une vieille idée qui traverse toute la tradition philosophique occidentale: le principe de réalité et le principe de plaisir sont contradictoires, et le principe de réalité doit l'emporter, en fin de compte, sur le principe de plaisir. Les romans libertins mêmes semblent le prouver puisqu'ils se terminent le plus souvent par le repentir, l'échec, la maladie, la folie ou la mort de leurs héros. *Point de lendemain* est un texte rare: il n'envisage pour ses héros aucune conséquence négative. Mais c'est parce qu'il omet de raconter la suite. A la fin de *La lenteur*, Milan Kundera pose une série de questions à propos du héros de *Point de lendemain*:

> Comment se sentira-t-il au moment où il quittera le château? A quoi va-t-il penser? Au plaisir qu'il a vécu ou à sa renommée de jeunot ridicule? Se sentira-t-il vainqueur ou vaincu? Heureux ou malheureux?
>
> Autrement dit: peut-on vivre dans le plaisir et pour le plaisir et être heureux? L'idéal de l'hédonisme est-il réalisable? Cet espoir existe-t-il? Existe-t-il au moins une frêle lueur de cet espoir?[6]

Au nom du lendemain, Kundera conclut au «caractère désespérément utopique» de l'idéal hédoniste. Le lendemain, ce lendemain nié par le titre, devient synonyme de réalité. Un récit qui s'intitule *Point de lendemain* et qui semble, à lui tout seul, contredire la loi qui veut que le plaisir se paie dans la réalité, ne peut que raconter une aventure utopique, incompatible avec la réalité. Par *réalité*, il faut ici comprendre ce qui ne relève pas de la sensation immédiate mais de notre existence dans la durée, sociale, morale, et psychologique.

---

[5]   Michel Delon, introduction à *Point de lendemain* et *La petite maison*, édition citée, p. 8. On trouvait le même jugement dans l'analyse qu'Henri Coulet consacrait à ce texte. Voir Henri Coulet, *Le roman jusqu'à la révolution*. Paris: Armand Colin, 1967, II, p. 450. Pour Raymond Trousson, le plaisir dans *Point de lendemain* n'est qu'un «rempart contre le vide intérieur» (édition citée, p. 1298).

[6]   Milan Kundera, *La lenteur*, édition citée, p. 142.

On lit ainsi *Point de lendemain* non comme un récit à part entière mais comme un épisode dont la brièveté nous cache les conséquences. Si cette anecdote était intégrée à un roman comme *Les liaisons dangereuses*, on verrait alors les conséquences de cette nuit de plaisir: rupture entre le narrateur et la Comtesse, guerre entre la Comtesse et Mme de T..., duel entre le narrateur et le Marquis, ou rupture entre Mme de T... et le Marquis... Le plaisir conduirait nécessairement à la souffrance.[7]

Est-il possible de lire *Point de lendemain* autrement que comme un épisode des *Liaisons dangereuses*? Est-il possible de croire à la réalité d'un plaisir sans conséquence, c'est-à-dire au triomphe du principe de plaisir, au triomphe du moment sur la durée? C'est ce que clame Philippe Sollers, dans toute son œuvre et en particulier dans sa lecture de *Point de lendemain*, où il affirme la compatibilité du plaisir dans l'instant et du bonheur dans la durée. Mais la pensée de Philippe Sollers est paradoxale et délibérément polémique: il s'oppose à la pensée commune et affirme son exception. Il fait ainsi du plaisir une affaire de grâce, d'élection, accessible seulement à un petit nombre d'heureux élus.

Je voudrais ici, au contraire, prendre pour point de départ et sans la contester l'idée commune que tout plaisir se paie dans la réalité, afin d'examiner quel sort *Point de lendemain* fait subir à cet adage. Il est clair qu'il ne le méconnaît pas: un titre qui nie le lendemain n'ignore pas le lendemain. On y voit déjà le lendemain *qui point*.[8] Une conclusion qui affirme ne point trouver de morale n'ignore pas la morale. Le récit est encadré par un double déni: point de lendemain, point de morale. Il commence par le mot *point* qui est le premier mot de son titre, et s'achève par le mot *point* («je n'en trouvai point.») Toute l'aventure se déroule entre ces deux points. *Point de lendemain* est un récit qui définit précisément ses limites.

Le lendemain, le narrateur s'en préoccupe aussi dès sa première mention de l'héroïne de l'histoire, Mme de T...:

---

[7]   On trouve une conclusion similaire dans l'analyse que consacre à *Point de lendemain* le critique américain Thomas Kavanagh, «Writing of no consequence», dans *Enlightenment and the Shadow of Chance. The Novel and the Culture of Gambling in Eighteenth-Century France*. Baltimore and London: The Johns Hopkins University Press, 1993. Comme Milan Kundera, Kavanagh pose aussi la question de ce qui va se passer le lendemain de cette merveilleuse et brève aventure, qui, donc, ne peut pas être sans conséquences.

[8]   Philippe Sollers, *Le cavalier du Louvre, éd. cit.*, p. 82.

Mme de T... semblait avoir quelques projets sur ma personne, mais sans que sa dignité fût compromise. Comme on le verra, Mme de T... avait des principes de décence auxquels elle était scrupuleusement attachée. (385)

Mme de T... a des «projets» sur le narrateur, mais aussi des «principes de décence». Le *projet* est un mot libertin qui désigne l'entreprise de séduction; c'est ce qui se voit, ce qui est mis en avant, projeté. La décence, au contraire, consiste à ne pas montrer, à ne pas laisser voir. Le mot *décence* vient du latin *decet*, qui veut dire *il convient*. L'*Encyclopédie* de Diderot et d'Alembert définit la décence comme «la conformité des actions extérieures avec les lois, les coutumes, les usages, l'esprit, les mœurs, la religion, le point d'honneur, et les préjugés de la société dont on est membre»[9]. Dans la société du XVIIIe siècle, une femme ne doit pas se faire remarquer: un éclat suffit à lui faire perdre sa réputation, c'est à dire son existence sociale, c'est à dire son existence. Si le scandale perd les femmes, la décence est la première condition de leur existence. Avec le mot *décence*, le narrateur désigne la réalité sociale dont Mme de T... doit nécessairement tenir compte. Toute l'histoire de *Point de lendemain* est contenue en germe dans le contraste entre ces deux mots, *projets* et *décence*, que l'on trouve à la fin du premier paragraphe dans les deux versions du texte, en 1777 et en 1812.

L'enjeu est clairement posé: comment Mme de T... gardera-t-elle sa dignité et respectera-t-elle ses principes de décence en réalisant ses *projets*, c'est-à-dire son intention de séduire le jeune homme? Cette question, c'est bien celle du lendemain: comment, le lendemain, pourra-t-elle lui apparaître encore digne et décente? L'incise ironique «comme on le verra», que l'on trouve dans les deux versions du texte, nous fait attendre un spectacle propre à compromettre la dignité de cette Mme de T...[10] D'ailleurs, dès le début du second paragraphe, sa *décence* est ridiculisée. Alors que le narrateur attend sa maîtresse, la Comtesse, dans sa loge, il se fait aborder cavalièrement par une femme: «Je m'entends appeler de la loge voisine. N'était-ce pas encore la décente

---

[9]   *Encyclopédie, ou Dictionnaire raisonné des sciences, des arts et des techniques*, article «Décence,» Paris, 1765.

[10]   Les deux versions du texte, celle de 1777 et celle de 1812, se trouvent dans l'édition de Michel Delon. En dehors du paragraphe d'ouverture et du nom du narrateur qui a été supprimé (Damon), elles diffèrent très peu.

Mme de T...?»(385) Le narrateur utilise l'adjectif *décente* à la manière d'un épithète homérique, comme si la *décence* était la qualité essentielle de Mme de T..., la qualité qui la définit tout entière; mais cette qualité n'est essentielle que parce qu'elle est l'objet de dérision du récit.

L'insistance du narrateur au début du récit sur la décence de Mme de T... pose la question cruciale de la méthode. Une séduction *décente* doit respecter des règles: quelles sont-elles? Le processus de séduction ne peut être un simple abandon à l'instinct des corps. Chacun des gestes, chacune des paroles de Mme de T... s'inscrit d'emblée dans un schéma strictement déterminé, celui du projet à accomplir décemment, entreprise beaucoup plus difficile pour une femme que pour un homme comme le rappelle Mme de Merteuil dans sa grande lettre autobiographique des *Liaisons dangereuses* (81). *Point de lendemain* se donne ainsi à lire comme le discours de la méthode du plaisir.

1. Du hasard et de ses avantages

De méthode, on dirait qu'il n'y a point. Tout se passe par hasard. Alors que le jeune homme a renoncé à l'espoir d'une aventure et fait contre mauvaise fortune bon cœur, le hasard des cahots de la route jette Mme de T... entre ses bras: «Le mouvement de la voiture faisait que le visage de Mme de T... et le mien s'entretouchaient. Dans un choc imprévu, elle me serra la main; et moi, par le plus grand hasard du monde, je la retins entre mes bras»(386-7). Après le dîner ennuyeux avec le mari, Mme de T... invite son compagnon à se promener avec elle dans les beaux jardins du château, et le hasard de la promenade favorise l'intimité: «Elle m'avait d'abord donné son bras, ensuite ce bras s'était entrelacé, je ne sais comment»(388). Au moment où les protagonistes se fatiguent, ils trouvent par hasard un banc où s'asseoir: «Un banc de gazon se présente; on s'y assied sans changer d'attitude»(388). Même les premiers baisers se produisent par hasard. Mme de T... accorde à son compagnon un baiser symbolique qu'il réclame et qui n'a rien de sensuel: il s'agit seulement de lui montrer qu'elle lui pardonne la scène du carrosse et qu'elle ne le craint pas.

– J'ai besoin d'être sûr que vous me pardonnez.
– Et pour cela il faudrait….?
– Que vous m'accordassiez ici ce baiser que le hasard…
– Je le veux bien: vous seriez trop fier si je le refusais.(389)

Ce baiser accordé par Mme de T… sert seulement à conjurer le hasard, mais il se passe quelque chose qu'elle ne pouvait pas prévoir:

> Il en est des baisers comme des confidences: ils s'attirent, ils s'accélèrent, ils s'échauffent les uns par les autres. En effet, le premier ne fut pas plutôt donné qu'un second le suivit; puis un autre; ils se pressaient, ils entrecoupaient la conversation, ils la remplaçaient; à peine enfin laissaient-ils aux soupirs la liberté de s'échapper. (389)

Ce qui se passe relève de la loi des choses, indépendamment de la volonté humaine. Les baisers ont leur logique propre, sur laquelle la volonté n'a aucun pouvoir: la loi du baiser, c'est d'être suivi d'un autre baiser. On ne sait même plus de quels baisers il s'agit, ceux de Mme de T… ou ceux du narrateur: ce sont les baisers en général.

Hasard, encore, la rencontre du lieu qui va enfin permettre à la séduction de s'accomplir. Alors que les deux héros sont perdus dans une conversation sur les charmes de la confiance et du sentiment dont Mme de T… profite pour critiquer la maîtresse du narrateur, le hasard les détourne de leurs «raisonnements métaphysiques»: Mme de T… fait apercevoir au narrateur, «au bout d'une terrasse, un pavillon qui avait été le témoin des plus doux moments», et exprime le regret de ne pas en avoir la clef. «Tout en causant, nous approchions. Il se trouva ouvert»(392). Non seulement le pavillon se trouve par hasard ouvert, mais il agit en suivant sa propre loi, comme auparavant le carrosse, le jardin, le banc de gazon ou les baisers. Sa loi, c'est d'être le lieu de l'amour et donc de pousser à s'aimer ceux qui y entrent: «C'était un sanctuaire, et c'était celui de l'amour. Il s'empara de nous; nos genoux fléchirent: nos bras défaillants s'enlacèrent, et, ne pouvant nous soutenir, nous allâmes tomber sur un canapé qui occupait une partie du temple»(392).

Le scénario est systématiquement le même: à chaque fois qu'un contact physique a lieu entre les deux protagonistes, il est imputé au hasard, ou à une logique qui échappe à leur volonté. Les choses, les lieux, les actes physiques et les membres du corps («ce bras», «un banc», les «baisers», le «pavillon») deviennent les sujets de verbes réfléchis actifs («s'entrelacer», «se présenter», «s'échauffer», «se trouver ouvert», «s'emparer»), délivrant les protagonistes de toute action délibérée et les conduisant inéluctablement vers un point auquel ils peuvent se laisser mener sans y penser puisque ce n'est pas leur volonté qui décide.

L'insistance sur le hasard est trop grande pour qu'on n'y perçoive pas l'ironie du narrateur.[11] Quand il invoque «le plus grand hasard du monde», l'usage même du superlatif nous empêche de croire au hasard. Le contact dans le carrosse a une fonction déterminée: il rend la séduction possible en renversant le rapport de force entre les protagonistes. Alors que ce contact semble délibérément provoqué par Mme de T... qui utilise comme prétexte son admiration pour «la beauté du paysage» et «le calme de la nuit» pour appeler son compagnon à la portière et se rapprocher physiquement de lui, elle réagit à son étreinte en se fâchant: «Votre projet, dit-on après une rêverie assez profonde, est-il de me convaincre de l'imprudence de ma démarche?»(387) Un retournement s'est produit; le *projet* que le narrateur, au début de son récit, attribuait à Mme de T..., est maintenant imputé par elle à son compagnon. Elle l'accuse d'avoir un projet, et il se défend: «Des projets... avec vous... quelle duperie! (...) mais un hasard, une surprise... cela se pardonne»(387). Ce qui se passe ici est subtil: alors même que Mme de T... semble fâchée par ce «hasard» et que sa réaction sévère semble interdire tout contact physique entre le narrateur et elle, c'est précisément cette réaction qui rend le contact possible. En se dérobant et en faisant appel au sens de l'honneur de son compagnon, elle lui reconnaît un pouvoir sur elle et lui accorde la marge de manœuvre dont il a besoin pour la désirer et pour la séduire, tout en préservant sa décence. Car s'il est une règle sociale de la séduction au XVIIIᵉ siècle, c'est bien celle-ci: la femme ne peut entreprendre toutes les démarches, en particulier les premiers gestes physiques, sans révéler une impudence qui lui attire le mépris des hommes.

Ce scénario se répète à toutes les étapes du processus de la séduction: si un contact survient entre les protagonistes, il est imputé au hasard. L'attitude de Mme de T... consiste alors à réagir à ce hasard, à se redresser, à résister au glissement, voire même à se fâcher, afin

---

[11] Mon interprétation diffère ici de celle de Thomas Kavanagh (édition citée), qui, lui, croit à la réalité de ce hasard, par ailleurs nécessaire à la thèse de son livre, où il analyse comment l'irruption du hasard peut soudain briser les tentatives de contrôle rationnel auxquelles se livrent les écrivains du XVIIIᵉ siècle.

d'arrêter le processus charnel. Puisque c'est dans le dessein, dans l'intention visible, c'est à dire dans le projet, que loge l'indécence, le recours au «hasard» permet de protéger la décence en faisant croire à l'autonomie des choses et des corps, à laquelle résiste la volonté.

Chaque hasard a une fonction déterminée. La jouissance n'a pas lieu à n'importe quel moment, et pas seulement parce que les protagonistes tombent au cours de leur promenade sur un pavillon qui, par hasard, se trouve ouvert. Le pavillon se rencontre au moment précis où Mme de T... a contraint le narrateur, par son discours et ses raisonnements métaphysiques, à enfiler «la grande route du sentiment»: «Je ne concevais rien à tout ce que j'entendais. Nous enfilions la grande route du sentiment, et la reprenions de si haut, qu'il était impossible d'entrevoir le terme du voyage»(392). Mme de T... dénonce les artifices, les ruses et l'insensibilité physique de la Comtesse, maîtresse du jeune homme, afin de prendre le rôle de la femme sensible et vraie. Elle quitte le domaine de la séduction pour entrer dans celui du sentiment. Il ne s'agit que d'une stratégie: si le héros l'ignore, le narrateur ne nous permet pas d'en être dupe, car il met en évidence l'habileté de Mme de T...: «C'était le coup de maître. Je sentis qu'on venait de m'ôter un bandeau de dessus les yeux, et ne vis point celui qu'on y mettait. Mon amante me parut la plus fausse de toutes les femmes, je crus tenir l'être sensible»(391). C'est dans l'écart entre la naïveté du héros persuadé de tenir l'être sensible et l'intelligence du narrateur revenu de ses illusions que se déploie l'ironie du texte. Cette ironie ne permet pas au lecteur de croire au hasard ou à la vérité du sentiment. Chaque mot, chaque geste n'a de valeur que par son effet dans le cadre d'un processus strictement déterminé, celui d'une séduction décente. Le hasard est la méthode de Mme de T... Le pavillon se rencontre quand le héros ne peut plus avoir aucun soupçon d'indécence, aucun soupçon charnel, aucun soupçon d'abandon aux choses. Le héros ne pourra se flatter d'«avoir eu» Mme de T..., car la possession charnelle ainsi préparée par Mme de T... n'a de valeur que par l'exaltation du sentiment, qui se dit en terme d'âme et non de corps.

Dans le plaisir même il y a une décence, c'est à dire la conformité à un code: la volonté de madame de T... ne semble intervenir que pour ralentir et arrêter ce désir qui s'impose comme en dépit d'elle: «On voulait me fuir, on retombait plus attendrie»(392). La résistance est le nécessaire voile de décence qui doit couvrir le plaisir. La décence dans le plaisir consiste à donner à la jouissance un sens à la fois moral et sentimental, et donc à cacher la réalité physique du plaisir derrière un écran moral. Mme de T... joue tour à tour le rôle de l'effarouchée qui résiste, de l'affligée qui cherche sa consolation dans la source même de son affliction, et, enfin, de l'amante qui s'abandonne romantiquement. On aboutit chaque fois à la même conclusion: une jouissance physique partagée par les deux amants. Contrairement aux effusions sentimentales, l'instant de la jouissance reste dans un silence discret et pudique. La première fois, il se dit en terme de rencontre des âmes: «Nos âmes se rencontraient, se multipliaient.» La deuxième fois, la métaphore est un peu plus claire: «on se hâte d'obtenir une seconde victoire pour s'assurer de sa conquête»(392). La troisième fois, la jouissance est exprimée seulement par un silence du texte, par des points de suspension traduisant la rupture entre un futur nié et un passé accompli: «On ne cèdera point... On a cédé»(393). La quatrième fois, c'est encore le «silence», cette fois-ci nommé et même ironiquement dit «long» par le narrateur, qui sert à désigner le plaisir: «'Non, jamais...' Et après un long silence: 'Mais tu m'aimes donc bien!'»(394)

Le plaisir n'est pas articulé en mots. Ce que les paroles expriment, c'est la politesse et le sentiment, tout ce qui sert à voiler la crudité physique du désir. Mais les points de suspension, les silences sont plus forts que les paroles sociales et sentimentales. Ils contiennent la vérité du texte. Le narrateur ponctue sa description de la romantique scène du pavillon par un petit commentaire cynique: «Je prie le lecteur de se souvenir que j'ai vingt ans»(394). Ces vingt ans, ce ne sont pas les vingt ans naïfs et sentimentaux évoqués au tout début de la nouvelle, mais l'âge de l'énergie virile où l'on peut *prouver* son amour quatre fois de suite et sans défaillance. En mentionnant son âge, le narrateur adresse un clin d'œil ironique au lecteur et lui rappelle qu'il s'agit ici de jouissance physique et non de sentiment sublime.

Quand il republie la nouvelle trente-cinq ans après l'avoir écrite, en 1812, Vivant Denon ajoute en épigraphe une phrase qu'il emprunte à une lettre de Saint-Paul aux Corinthiens: «La lettre tue, l'esprit vivifie.» C'est la clef de lecture du récit. Prendre le texte à la lettre, c'est le tuer. La lettre du récit, c'est le hasard, c'est l'autonomie des choses et des corps, c'est le sentiment, ce sont tous les masques qui protègent la décence en effaçant la visibilité du *projet*. L'esprit du récit, c'est son ironie qui désigne ce hasard comme une pure convention sociale. Ni l'insistance sur le hasard, ni le vocabulaire du sentiment ne doivent être pris à la lettre, car ils ne sont que des couvertures ironiques visant à voiler et à démasquer en même temps le fond du récit, sa seule vérité, le plaisir.

Pourquoi cette ironie? Pour démasquer l'hypocrisie sociale et mettre à nu la seule vérité: la jouissance. De la rencontre à l'opéra à la scène du pavillon, le récit est sous le signe de la décence, mais seulement pour tourner en dérision et dénoncer l'hypocrisie des codes.

2. Le cabinet ou la mécanique du désir

A peine sortie du pavillon, Mme de T... change de ton, de discours, et d'attitude. Alors qu'elle était si soucieuse jusque là de sa dignité et ne supportait pas les «soupçons» du narrateur, soudain elle jette bas les masques. Maintenant que le projet est réalisé, elle est la première à reconnaître que la décence n'est qu'un code, tout comme le sentiment, et que la seule réalité est le plaisir: «Quelle nuit délicieuse, dit-elle, nous venons de passer par l'attrait seul de ce plaisir, notre guide et notre excuse!»(394) Dans la pure tradition du libertinage matérialiste, elle fait suivre la pratique du plaisir d'une leçon de philosophie. Elle apprend au héros que leur nuit de plaisir ne crée entre eux aucun lien, aucun engagement, sauf si le public l'apprenait; elle analyse le plaisir de l'amour: elle le «réduit au simple». Elle opère une réduction du sentiment et du social au physique qui enchante le narrateur; inspiré par Mme de T..., il se sent «une disposition très prochaine à l'amour de la liberté» et s'en excuse auprès du lecteur: «Nous sommes tellement *machines* (et j'en rougis), qu'au lieu de toute la délicatesse qui me tourmentait avant la scène qui venait de se passer, j'étais au moins pour moitié dans la hardiesse de ces principes»(394).

Mme de T... éveille la curiosité du héros sur un cabinet qui se trouve dans le château, et que son mari avait fait construire avant son mariage pour «fortifier son sentiment» et «donner du ressort à son âme.» Le jeune homme brûle de connaître ce lieu:

> Il faut l'avouer, je ne sentais pas toute la ferveur, toute la dévotion qu'il fallait pour visiter ce nouveau temple; mais j'avais beaucoup de curiosité: ce n'était plus madame de T... que je désirais, c'était le cabinet.

Cet aveu, avec celui cité plus haut, «nous sommes tellement *machines*», semble indiquer la conception du désir que contient *Point de len-*

demain: le récit met en valeur *l'être-machine* de l'homme, démontré par sa capacité mécanique à jouir une fois qu'il n'est plus retenu par les préjugés sociaux et moraux. Telle serait l'œuvre de réduction opérée par *Point de lendemain*: le récit montrerait que la décence et le senti- ment ne sont que des masques pour cacher le désir physique, et que le désir lui-même n'est qu'un artifice mécanique indépendant des personnes, prouvant que l'homme n'est qu'une machine, comme l'a si bien dit le médecin philosophe La Mettrie.[12]

Le cabinet révèle ce que le pavillon prétendait cacher: l'un se rencontre par hasard, l'autre est l'objet déterminé d'une quête précise et avouée qui sacralise le lieu comme un objet de mystère. Le lieu prend la place du sexe: quand les amants parviennent «à la porte de son appartement, de cet appartement qui renfermait ce réduit si vanté»(396), Mme de T... offre l'accès au cabinet comme à ce qu'elle a de plus intime, de plus secret. La décence au cours du processus de séduction visait à cacher la réalité charnelle sous l'apparence du hasard et du sentiment; maintenant, ce n'est même plus le désir pour l'autre qui est dévoilé, c'est le mécanisme du plaisir, tel qu'il fonctionne indépendamment des personnes. Et, alors que la nuit avait jusque là masqué leurs corps et leurs actes, Mme de T... montre maintenant en pleine lumière les «traces du plaisir» qui marquent son corps: «Des rougeurs éparses çà et là relevaient la blancheur de son teint et en attestaient la finesse. Ces traces du plaisir m'en rappelaient la jouissance»(396).

Le cabinet est le lieu de l'artifice: au cœur du château, il reproduit artificiellement un jardin à l'anglaise avec des portiques en treillages ornés de fleurs, des statues, des cassolettes, des trophées, un temple, un tapis «pluché» imitant le gazon, une grotte sombre. Il mêle illusion et réalité: «Je me trouvai dans une vaste cage de glaces, sur lesquelles les objets étaient si artistement peints que, répétés, ils produisaient l'illusion de tout ce qu'ils représentaient.» On peut parler d'«indécence» dans la mesure où ces miroirs qui couvrent les parois et reproduisent à l'infini le couple enlacé exposent sous tous ses angles et multiplient ce qui était jusque là caché sous le voile des paroles sentimentales et d'une nuit sans lune. C'est maintenant de cette exposition, de ce «projet», que naît le plaisir: «Les désirs se reproduisent par leurs images»(397). On passe des coussins à la grotte sombre dans laquelle un «ressort adroitement ménagé» entraîne les deux amants, ressort artificiel propre à rem-

---

[12] Voir La Mettrie, *L'homme machine*, Leyde, 1747.

placer celui que l'âme ne reçoit plus de l'amour. L'artifice ne nuit pas au plaisir: c'est dans la grotte que Mme de T..., «soulevant à peine ses beaux yeux humides de volupté», couronne son amant.

On peut aussi dire indécents, en un sens plus moral que physique, les incessants rappels que Mme de T... fait de son amie la Comtesse, la maîtresse du narrateur. Après la scène du pavillon, elle s'excuse d'abord des propos négatifs que son hypocrisie sentimentale l'a contrainte à tenir sur la Comtesse: «Je suis fâchée, vraiment fâchée de ce que je vous ai dit de la Comtesse»(394). Mais ensuite, au moment d'entrer dans le cabinet, elle nomme soudain la Comtesse, comme si ce nom devait arrêter le héros: «'Mais votre Comtesse, me dit-elle en s'arrêtant...' J'allais répliquer; les portes s'ouvrirent: l'admiration intercepta ma réponse.»(397) Après la dernière extase, c'est encore le nom de la Comtesse qui vient aux lèvres de Mme de T...: «Eh bien! aimerez-vous jamais la Comtesse autant que moi?»(398) Si Mme de T... nomme sans cesse l'autre femme, ce n'est pas seulement à cause de la structure triangulaire du désir. Elle rappelle au jeune homme l'existence de sa maîtresse au moment même où elle ne lui permet pas de se faire illusion sur la nature de son sentiment: l'excitation quasi mécanique produite par le lieu, et non par Mme de T..., apparaît soudain plus forte que tout amour et tout lien avec le passé. L'amour physique l'emporte sur l'amour sentimental, le moment sur la durée.

Ici s'achève la merveilleuse nuit de plaisir. Si le récit s'arrêtait là, il faudrait sans doute conclure à l'utopie de l'idéal hédoniste. Le texte nous ferait rire aux dépens de la *décence*, de la réalité sociale, en montrant qu'elle n'est qu'une apparence hypocrite visant à cacher la vérité qui se joue ailleurs: la vérité est celle du corps, de la nature mécanique du désir humain. Mais en fin de compte, on pourrait se demander si, malgré toute l'ironie du texte, ce n'est pas le mensonge social, le *principe de réalité*, qui impose sa loi: le style lui-même est d'une extrême décence et le jeune héros, réveillé à l'aube par une servante, doit quitter précipitemment Mme de T... pour ne pas risquer de compromettre sa réputation. Dénoncer l'hypocrisie des codes ne règle pas les rapports entre réalité et plaisir. La réalité est peut-être hypocrite, mais elle est, et c'est dans cette réalité que vont rentrer les protagonistes après leur nuit de plaisir. Rentrer dans la réalité signifie remettre son masque. Si le récit s'arrêtait là, il nous conduirait à une impasse, où plaisir et réalité se tournent le dos, chacun clamant ses droits sur l'autre, et où l'ironie du plaisir dénonçant l'imposture de la réalité ne suffit pas à la débouter de ses droits. On pourrait alors se demander ce qui va se passer le lendemain et dans quelle mesure cette nuit de plaisir a changé la réalité. Mais *Point de lendemain* ne s'arrête pas là. Il raconte le lendemain, c'est à dire le matin qui suit cette nuit de plaisir, en trois étapes.

3. *Le lendemain*

La première étape, c'est le moment où le jeune homme se retrouve seul dans le jardin à l'aube. La fraîcheur de l'air calme son imagination, et il sent maintenant la «vérité rentrer dans (son) âme.» Le narrateur admet donc une vérité qui n'est pas nécessairement de l'ordre du corps: il semble même opposer la «vérité» à l'enchantement de la jouissance éprouvé juste avant. Que se passe-t-il dans ce moment de vérité? «Je n'eus rien de plus pressé alors que de me demander si j'étais l'amant de celle que je venais de quitter, et je fus bien surpris de ne savoir que me répondre.» Le jeune homme ne se demande pas s'il a, ou non, fait l'amour avec Mme de T...: il se pose la question de son statut futur; cette question est celle du sentiment. Quelle sera la conséquence de cette nuit de plaisir? A-t-elle modifié la réalité?

> Qui m'eût dit hier à l'Opéra que je pourrais me faire une telle question? moi qui croyais savoir qu'elle aimait éperdument, et depuis deux ans, le Marquis de..., moi qui me croyais tellement épris de la Comtesse, qu'il devait m'être impossible de lui devenir infidèle! Quoi! hier! Mme de T... Est-il bien vrai? aurait-elle rompu avec le Marquis? m'a-t-elle pris pour lui succéder, ou seulement pour le punir? (398-99)

A peine se retrouve-t-il seul que le jeune homme se pose la question du sens de la nuit passée, celle des conséquences, celle de sa relation future avec Mme de T..., et qu'il cherche à comprendre le lien entre sa vie – son amour pour la Comtesse – et cette nuit d'amour qui l'a pris par surprise. Il semble évident que Vivant Denon reconnaît ici la prééminence de la réalité morale, sentimentale et sociale sur la réalité physique: nous ne pouvons pas vivre des moments de plaisir entièrement retranchés du reste du temps et du reste de notre existence, puisqu'un acte invite aussitôt à poser la question de son sens, surtout lorsqu'il semble contredire notre notion de la réalité.

La deuxième étape de ce lendemain, c'est l'arrivée du Marquis, qui répond à la question que se pose le héros: Mme de T... l'a simplement utilisé comme paravent afin de protéger ses amours avec le Marquis aux yeux de son mari: «As-tu bien joué ton personnage? Le mari a-t-il trouvé ton arrivée bien ridicule? Quand te renvoie-t-on? (...) Il fallait un écuyer à Mme de T..., tu lui en as servi, tu l'as amusée sur la route; c'est tout ce qu'elle voulait»(399). Le résultat de cette nuit de plaisir, c'est que le jeune homme va se faire chasser par le mari soupçonneux, tandis que le Marquis restera avec Mme de T... et jouira tranquillement de ses faveurs. On peut en conclure que triomphe, ici encore, la réalité sociale: cette nuit de plaisir partagée par les deux protagonistes n'est finalement qu'une apparence visant à protéger la décence, qui veut qu'une femme n'affiche pas son amant aux yeux de son mari. Mme de T... utilise le narrateur pour garder ses amours avec le Marquis dans le cadre de la décence. Mais cette scène est ambiguë. Le jeune homme n'est pas la seule dupe. Le Marquis aussi est trompé, car il ignore la manière dont sa maîtresse et son ami ont passé la nuit, et, qui plus est, il croit Mme de T... frigide: «Elle fait tout naître, tout sentir, et elle n'éprouve rien: c'est un marbre.»

Mme de T... est-elle frigide? Qui est ici trompé? Le Marquis à qui Mme de T... fait croire à sa froideur physique afin de préserver l'espace de ses plaisirs? Le jeune narrateur qui a pu se prendre pour un héros d'énergie virile et s'est fait duper sur ce point comme sur tous les autres par une remarquable manipulatrice dont la jouissance consiste, non à jouir, mais à feindre et à manipuler? Mme de T... n'est-elle qu'une femme de tête? Ou encore, est-ce Mme de T... elle-même qui a été *jouée* par le moment et qui, dans une intrigue parfaitement montée par elle, a soudain eu la surprise de rencontrer pour la première fois le plaisir?

Nous ne saurons pas. Le narrateur garde sa certitude, celle d'une jouissance partagée, et se moque du Marquis en lui disant qu'il connaît Mme de T... comme s'il était son mari; le Marquis garde sa certitude; le lecteur est libre de choisir. Si le récit, donc, s'arrêtait là, le rapport entre plaisir et réalité ne serait guère clair et l'on ne saurait pas quelle est la réalité qui l'emporte: celle du plaisir, ou celle des codes sociaux? Chacun des deux hommes, le Marquis qui est l'amant «officiel» et le narrateur qui est l'amant d'une nuit, sont les deux parties d'un procès que seule peut décider en fin de compte Mme de T...

La scène au chevet de Mme de T... est le vrai dénouement du récit, et le vrai lendemain. Pour le narrateur qui n'a pas dormi, il n'y a pas vraiment de lendemain, puisque le jour s'enchaîne directement avec la nuit. Mais Mme de T..., elle, a dormi. Son réveil marque donc, dans le récit, l'entrée dans une autre dimension temporelle, celle du lendemain.

Le Marquis, poli, suggère d'aller saluer le mari avant de se présenter au chevet de Mme de T...: «Décemment il faudrait commencer par le mari»(400). «Décemment»: voici que réapparaît la *décence* dont on n'avait plus entendu parler depuis le début du récit, et que l'épisode du cabinet semblait avoir définitivement éliminée. Cette *décence* que prêche le Marquis prête à rire, comme celle de Mme de T... au début du récit. Elle révèle à nouveau l'hypocrisie des codes, la totale contradiction entre l'usage du monde et la réalité des corps: ces deux hommes qui s'apprêtent à respecter la décence en saluant d'abord le mari sont aussi ceux qui le cocufient. La réalité sociale est, là encore, tournée en dérision.

A peine les deux hommes sont-ils en présence de Mme de T... qu'on voit réapparaître le mot *décent*. C'est maintenant le narrateur qui l'utilise, pour l'appliquer à Mme de T...: «Elle adressa à l'autre des propos tendres, à moi d'honnêtes et *décents*»(401). Dans les deux versions du texte, l'adjectif *décents* est souligné par les italiques; l'usage de l'italique au XVIIIe siècle ne vise pas, comme aujourd'hui, à attirer notre attention sur un mot mais nous rappelle qu'il s'agit d'une citation. Qui Vivant Denon cite-t-il, sinon lui-même? Cet adjectif *décent* souligné par l'italique semble une allusion directe au début du récit, quand Mme de T... était ironiquement nommée «la décente Mme de T....» et que le narrateur nous avertissait que Mme de T... avait à la fois «quelques projets» sur sa personne et «des principes de décence auxquels elle était scrupuleusement attachée.» Le projet a été réalisé. Qu'en est-il alors de cette *décence* moquée au cours du récit? Pourquoi réapparaît-elle dans la scène finale? La dénonciation de l'hypocrisie sociale n'est-elle pas suffisante?

4. La décente Mme de T...

Les deux hommes joués par Mme de T... se trouvent au chevet de son lit, à son réveil. Le héros sait pourquoi Mme de T... dort encore à une heure si tardive, et le lecteur n'a pu s'empêcher de rire quand il a lu cette phrase du marquis persifleur et dupé: «Oh! Il faut convenir que tu n'as pas ton second pour endormir une femme»(401). Ce moment est le premier où le narrateur revoit Mme de T... après avoir appris que cette nuit d'amour si intense n'était qu'une comédie préméditée. La scène est attendue, car le narrateur l'introduit en ces termes: «Je voulais cependant voir encore Mme de T...: c'était une jouissance que je ne pouvais me refuser»(401). Le mot *jouissance*, qui n'est pas dépourvu de connotations sadiques dans ce contexte, nous fait attendre une scène de confrontation finale où le jeune homme pourra démasquer la manipulatrice et exprimer sa colère, ou, s'il est beau joueur et gentleman, tout au moins jouir de l'inévitable confusion de Mme de T... en présence de ses deux amants trompés.

Au marquis, elle adresse des propos tendres: rien de plus naturel, dans le cas d'un amant qui vient d'arriver, et que l'on est heureuse de retrouver; au narrateur, «d'honnêtes et *décents*.» «Honnêtes» n'a pas ici un sens moral mais signifie «conforme aux normes de la bonne société»: des propos «honnêtes», ce sont ceux de toute hôtesse courtoise et polie. «Décents» n'a-t-il pas la même signification, comme on l'a vu au début de ce chapitre? Ce qui est décent, c'est ce qui convient socialement. Mais alors pourquoi la redondance? Pourquoi Vivant Denon, dont le style a «une précision de scalpel»[13], utiliserait-il ici deux adjectifs pour dire la même chose? Faut-il alors donner au mot *décents* un sens plus moderne, le comprendre comme le contraire d'*indécent*? Mais il est évident que Mme de T..., en présence du marquis qui est son amant, ne pourrait pas adresser au narrateur des propos *indécents*, qui feraient allusion aux plaisirs de la nuit écoulée. Pourquoi le narrateur précise-t-il que ses propos sont *décents*?

Il faut lire le mot dans son contexte. Le narrateur écrit juste avant: «Elle en rit avec moi autant qu'il fallait pour me consoler, et sans se dégrader à mes yeux»(402). Mme de T... proportionne son rire à la situation, c'est à dire aux états d'âme des deux hommes qui se trouvent au chevet de son lit. Par politesse, elle rit avec le marquis, mais, par respect pour celui qu'elle a dupé, elle modère son rire et stoppe celui du marquis: «Eh! Monsieur, dit Mme de T..., brisons là-dessus»(402). La décence, au cours de cette petite scène, est redéfinie: elle n'est plus seulement le code mondain, le masque hypocrite tourné en dérision par le narrateur; elle désigne maintenant un sens de la mesure qui permet d'accomplir exactement les gestes adéquats à la situation.

Le mot *situation* est employé par Vivant Denon à la fin du récit:

---

[13] Michel Delon, introduction à *Point de lendemain*, *éd. cit.*, p. 7.

> Nous nous trouvâmes tous en situation. M. de T... m'avait persi-
> flé et me renvoyait, mon ami le dupait et se moquait de moi; je le
> lui rendais, tout en admirant Mme de T..., qui nous jouait tous,
> sans rien perdre de la dignité de son caractère. (402)

Le héros décrit son sentiment final pour Mme de T...: ce n'est ni la colère d'avoir été trompé, ni une tendresse sentimentale pour celle qui s'est donnée à lui. Son sentiment final est de l'admiration. Mais ce n'est pas l'admiration du joueur pour la parfaite manipulatrice; ce n'est pas l'admiration du futur roué pour la comédienne et la metteuse en scène. Si le narrateur admire Mme de T..., ce n'est pas parce qu'elle les «joue» tous, mais parce qu'elle les joue tous «sans rien perdre de la dignité de son caractère». Il n'admire pas sa maîtrise mais sa dignité. Ce qui importe ici, c'est le lien entre la notion de jeu et celle de dignité. Il admire la dignité de Mme de T... dans le jeu, cette dignité dont on a appris, dans le premier paragraphe du récit, qu'elle était liée à la décence. Ce qu'il admire et nous invite à admirer, c'est la décence de Mme de T..., une décence redéfinie comme le sens de la situation et la science des degrés. On peut donner au mot *situation* un sens existentialiste avant la lettre: il indique que l'être se définit par sa performance sociale et par son rapport psychologique à l'autre dans un moment et dans un lieu donnés.

C'est grâce à sa décence, c'est-à-dire son sens de la situation, à la fois sa propre situation et celle des autres personnages concernés par ses actes, que Mme de T... évite les deux écueils du *lendemain*: l'amour qui prolonge dans la durée le moment de plaisir, et le mépris qui résulte du plaisir donné. Le mépris, elle l'a évité dans la première partie du récit, en respectant l'apparence du hasard et du sentiment. L'amour, elle l'évite dans la seconde moitié du récit, grâce à l'épisode du cabinet. Le cabinet apparaissait comme le lieu de l'indécence, révélant le méca-nisme artificiel du désir. Mais le cabinet a une fonction précise: il sert à compenser le départ nécessaire du jeune homme, discrètement exigé par Mme de T...:

> «Vous vous souvenez de l'air de Monsieur, hier, en nous quit-
> tant?...» Elle vit l'impression que me faisaient ces dernières pa-
> roles, et ajouta tout de suite: «Il était plus gai lorsqu'il fit arranger
> avec tant de recherche le cabinet dont je vous parlais tout à
> l'heure.»(395)

Le cabinet sert aussi à défaire le lien créé entre les protagonistes en parachevant leur jouissance physique. On peut supposer que la fatigue même du héros fait partie de la stratégie de Mme de T...: comme le dit Mme de Merteuil dans *Les liaisons dangereuses* (lettre 113) à propos du chevalier Belleroche dont elle souhaite se défaire, il n'y a pas de meilleure ressource que la fatigue par excès d'amour pour se débarrasser d'un amant encombrant. L'épisode du cabinet représente un excès peut-être, mais cet excès n'en est pas un dans la mesure où il est adapté à une fin déterminée: tout donner au héros, pour qu'il n'ait plus rien à désirer et parte de son plein gré.[14] C'est un excès mesuré, calculé. Cet excès commis par Mme de T..., qu'on pouvait prendre pour un acte d'indécence, est donc un acte de décence au sens étymologique du terme: c'est l'acte qui convient (decet) dans le cas présent. Le cabinet est un artifice peut-être; mais, loin de mécaniser le plaisir, il donne au narrateur une leçon de discrétion et de sensualité, une leçon à la fois morale, psychologique, sociale et physique.

La décence, telle qu'elle est redéfinie à la fin du récit et justifie l'admiration du narrateur, n'est pas une qualité sociale dans le sens mondain du terme, mais psychologique et intersubjective. J'insiste sur ce point: la décence n'est pas une qualité sociale dans le sens restreint du mot *social*. Il ne s'agit pas seulement de suivre le bon usage du monde, mais de témoigner d'une acuité de perception qui va au-delà de la simple politesse apprise et qui permet de mesurer ses actes et d'en contrôler les effets sur l'autre, même dans les situations les plus intimes et, partant, les moins sociales. Pourquoi Mme de T... demeure-t-elle si digne? Parce que, tout en jouant tous les hommes autour d'elle, elle les respecte tous en les traitant conformément à leur situation, c'est-à-dire au rôle à la fois social et intime qu'ils jouent par rapport à elle dans le moment présent. A son mari, elle donne l'apparence sociale de la respectabilité et la satisfaction de croire renvoyer l'amant, en prenant ainsi le rôle du mari autoritaire et digne; à l'amant, elle donne sa tendresse et le bonheur de se croire le seul aimé, le seul capable de la *fixer*, d'autant plus certain de sa fidélité qu'il la croit frigide, et donc susceptible uniquement d'attachement sentimental; au narrateur, enfin, elle donne sa complicité, le plaisir d'une nuit sans conséquence, et la reconnaissance

---

[14] La fatigue elle-même est une méthode. Dans *Les liaisons dangereuses*, Mme de Merteuil explique ainsi à Valmont comment elle a décidé d'épuiser le tendre chevalier de Belleroche afin de se débarrasser de lui sans éclat (Laclos, *Les liaisons dangereuses*. Paris, GF, lettre 113, p. 261).

du pouvoir qu'il a sur elle alors qu'elle l'a si bien manipulé. «Adieu, encore une fois. Vous êtes charmant... Ne me brouillez pas avec la Comtesse»(402). Les derniers mots de Mme de T..., qui rappellent l'existence de la Comtesse si perfidement critiquée par elle et si parfaitement oubliée par son amant, privilégient l'amitié et les bons rapports sociaux sur l'intimité charnelle: Mme de T... souhaite que cette nuit sans lendemain n'ait aucune conséquence négative sur sa vie sociale, mais elle reconnaît que l'absence de conséquence dépend maintenant du seul narrateur.

A la fin du récit, l'ironie du narrateur s'est déplacée: elle ne vise plus l'hypocrisie mondaine de Mme de T... ni les illusions de sa propre jeunesse, mais l'attente de morale du lecteur: «Je montai dans la voiture qui m'attendait. Je cherchai bien la morale de toute cette aventure, et... je n'en trouvai point»(402). Les points de suspension précédant les mots de conclusion évoquent ironiquement les points de suspension que l'on trouvait dans le récit pour désigner elliptiquement l'acte charnel que la décence du style interdisait de nommer. Les points de suspension, auparavant, dénonçaient l'hypocrisie de la décence. Maintenant, ils dénoncent le désir du lecteur d'entendre la morale de l'histoire et de comprendre son sens. Point de morale, conclut le récit: le récit se termine sur cette négation qui était un ordre de Mme de T... au narrateur au début du récit: «Ah! point de morale, je vous en conjure»(386). Mme de T... utilise le mot *morale* dans un sens moralisateur; par *morale*, à la fin du récit, le narrateur désigne seulement le sens de l'histoire; mais en même temps, par cet écho, il montre le lien entre la moralisation et la signification. La morale ennuie Mme de T...; comme la lettre, elle tue le récit. Pourtant, il est clair qu'il n'y a pas d'histoire sans une certaine *morale de l'histoire*; il est évident que l'absence de morale, et à plus forte raison le rejet énoncé de la morale, représente une morale, c'est-à-dire une leçon, un sens: que signifie alors cette allusion ironique à l'absence de morale sur laquelle s'achève le récit?
Elle signifie que l'énoncé de la morale – ou du *sens* de l'histoire – manquerait de décence. Tirer la conclusion de l'histoire, ce serait manquer de subtilité, de légèreté. Il y a dans le désir de sens et dans l'interprétation quelque chose de lourd qui serait indécent dans un récit de plaisir. C'est de cette lourdeur que fait preuve le narrateur quand, à peine seul dans le jardin à l'aube, il se demande s'il est l'amant de celle qu'il vient de quitter: il a besoin d'étiqueter les événements qui viennent

d'avoir lieu; sans les étiquettes, il ne sait pas comment les considérer. C'est de cette lourdeur que témoigne aussi l'amant en titre quand il proclame fièrement avoir eu quelque peine à fixer Mme de T... et déclare ne lui voir comme défaut que sa frigidité. Par rapport à Mme de T..., les deux amants du récit sont aussi risibles l'un que l'autre, celui qui rit secrètement comme celui qui veut forcer l'autre à rire: «Oh! la bonne aventure! Mais tu n'en ris pas assez, à mon gré. Tu ne sens donc pas tout le comique de ton rôle?»(400)

Cette phrase du marquis est un écho direct de la célèbre scène de *L'école des femmes* dans laquelle Horace, le jeune amant, raconte à Arnolphe, le vieux barbon, le tour que vient de lui jouer l'ingénue Agnès. Arnolphe découvrant la tromperie de sa pupille et l'échec de toutes ses précautions ne parvient pas à rire comme l'y invite Horace («Vous n'en riez pas assez, à mon avis») et la fin de la pièce consacre le triomphe de l'amour et de la jeunesse.[15] La fin de *Point de lendemain* ne conduit pas à une morale si claire. Elle est plus subtile: il n'y a ni jeune amoureux ni vieux barbon, il n'y a pas d'essence, il n'y a que des *situations* dans lesquels la décence, comme marque du respect de l'autre et sens de la mesure, règle les rapports entre les êtres et permet au désir de se déployer sans causer de dégât. Aussi la réalité, pour finir, ne se sera-t-elle modifiée que de quelques degrés: Mme de T... dit au narrateur qu'elle le rend à sa maîtresse «plus tendre, plus délicat et plus sensible». La décence est ce qui rend possible cette modification en nuance. La décence, qui procède par allusions, par effleurements légers et habiles de la peau ou de la vanité, implique une subtilité qui contraste avec la lourdeur des sentiments, des corps et du sens. L'ironie est la décence du texte.

L'admiration finale du narrateur pour Mme de T... révèle que la décence n'est pas une apparence hypocrite masquant la réalité du plaisir physique; elle est le *sens* du texte. La décence reçoit aussi un autre nom: le tact. Le tact se définit comme la «sensibilité qui permet, au contact d'une surface, d'apprécier certains caractères (caractère lisse, soyeux, rugueux, sec, humide, gluant, etc»(*Petit Robert*). Le tact est aussi l'«appréciation intuitive, spontanée et délicate, de ce qu'il convient de dire, de faire ou d'éviter dans les relations humaines.» *Point de lendemain* nous donne une leçon de tact dans tous les sens du mot: tact

---

[15]   Molière, *L'école des femmes*, acte III, scène 4. Paris: Classiques Larousse, 1990, p. 87.

des peaux qui se sont aimantées et donné du plaisir, tact de Mme de T...
pour ces susceptibilités d'homme qu'il convient de ménager, tact du
récit qui délivre sa leçon dans une légèreté ironique et comme sans y
toucher.

CONCLUSION

Les œuvres analysées dans cet essai contiennent un message anti-idéaliste qui va contre la tradition platonicienne et cartésienne et qui érige, contre le vrai, la vérité des apparences, du faux et du simulacre. Dans *Manon Lescaut* on voit s'exercer une fascination pour ce sentiment peu noble, parfois vulgaire, incarné par Manon, et que des Grieux nomme plaisir. *Les égarements du cœur et de l'esprit* montrent que le *vrai* sentiment ne triomphe pas nécessairement des désirs éphémères et vains qui peuvent être plus forts dans l'instant, c'est-à-dire dans la réalité concrète. *Thérèse philosophe*, sous couvert d'allier lumières et pornographie, invite à se méfier d'une raison qui voudrait étendre son pouvoir dans tous les domaines, en particulier celui du sexe. *La religieuse* révèle l'impossibilité d'une liberté pure et abstraite qui ferait l'économie du désir. *Point de lendemain* montre que, pour vivre le *moment* sans qu'il ait de conséquences, il faut une qualité humaine rare et subtile: la décence.

Ce message à contre-courant est certain de rencontrer une résistance de la part même de son lecteur. D'où le ton ironique de ces ouvrages, qui, au lieu d'affirmer ce qu'ils ont à dire, prennent leurs lecteurs au piège de leur attente déçue par un pied de nez final: «Je cherchai bien la morale de toute cette aventure et... je n'en trouvai point.» Ces textes jouent avec leurs lecteurs. L'ironie ouvre un espace de réception ambigu, qui est un espace de jeu, de résistance et de dialogue, permettant à ces œuvres de s'adresser encore à nous aujourd'hui.

L'ironie libertine n'est pas l'ironie voltairienne, une ironie polémique utilisée comme une arme offensive contre des ennemis du dehors, et qui mène le combat de la raison contre l'irrationnel.[1] Ce n'est pas

---

[1] Sur l'ironie voltairienne, voir Roland Barthes, «Le dernier des écrivains heureux,» préface aux *Romans et Contes* de Voltaire. Paris: Folio Gallimard, 1972, p. 9-17;

non plus l'ironie romantique du XIXe siècle, par laquelle l'esprit tente de garantir son règne séparé. C'est une ironie qui affirme l'impossibilité d'une autonomie de l'esprit, une ironie dirigée contre le dedans, contre le lecteur, contre soi, contre la *pulsion* morale et métaphysique qui est toujours privilégiée par rapport à l'autre dimension déniée et réprimée, celle des instincts bas et surperficiels, celle du plaisir.

L'ironie atteint le lecteur du XXe siècle comme celui du XVIIIe siècle, comme si la résistance à une conception limitée, finie de l'homme était la même au XXe qu'au XVIIIe siècle. Les œuvres analysées dans cet essai tournent en dérision le désir moral ou métaphysique du lecteur pour mettre en valeur une autre sorte de réalité: au modèle métaphysique du processus dialectique menant à la résolution des contradictions et à l'unité du moi, elles opposent le modèle de l'alternance, un modèle qui accepte la compatibilité du profond et du superficiel, du durable et de l'éphémère; ce modèle reconnaît la réalité de la contradiction et la complexité du réel.

Quel est l'intérêt de ce modèle psychologique? Pourquoi vouloir à tout prix rabaisser l'élan idéaliste? Pourquoi refuser d'exalter en l'homme ce qu'il a de plus grand, sa capacité à se sacrifier pour une cause plus grande que lui? Pourquoi se moquer du grand, du vrai?

On pourrait dire, d'abord, que c'est au nom du réalisme. C'est leur réalisme psychologique qui rend ces œuvres modernes: elles reconnaissent le pouvoir de l'image – de la surface – et les limites de l'usage de la raison: il suffit d'un *moment* pour transgresser les principes; ou plutôt: alors même que l'auteur d'un acte lui attribue des motivations rationnelles, il ne se rend pas compte qu'il est déterminé par son corps ou sa vanité, par les forces du *moment*, indépendamment de sa raison.

Mais il y a un autre intérêt, et telle est sans doute la leçon morale de ces œuvres: elles ne se contentent pas d'être ironiques à l'égard de leurs lecteurs et de tourner en dérision leurs aspirations métaphysiques; elles leur enseignent la tolérance. Accepter avec humour sa propre faiblesse, constater sans jugement moral que l'on peut déchoir de ses beaux principes, c'est le début de la tolérance.

Ces romans montrent ainsi un exercice de la raison qui diffère de l'idée que l'on se fait de plus en plus à propos des Lumières: cette idée

---

Jean Starobinski, «Le fusil à deux coups de Voltaire,» dans *Le remède dans le mal: critique et légitimation de l'artifice à l'âge des Lumières*. Paris: Gallimard, 1989.

est celle d'un usage tyrannique de la raison, qui aurait produit tous les maux des pays occidentaux rationnels et technocrates.[2] Sans entrer dans un débat politique, cet essai a souhaité montrer que la fiction des Lumières modérait l'usage de la raison et donnait du mot raison une définition plus subtile que celle qui est souvent reconnue: il ne s'agit pas de plier la réalité à un système logique, mais, au contraire, d'adapter et de proportionner la pensée aux contradictions du réel. Les textes de Prévost, Crébillon fils, Diderot, Vivant Denon, et *Thérèse philosophe*, révèlent que l'opposition entre la raison et le corps, la raison et la passion, la raison et la sensation, la raison et la folie, n'est pas valide: il y a une raison du corps, de la passion, de la sensation, de la folie. Telle est la morale sur laquelle s'achèvera cet essai: le meilleur usage de la raison consiste dans la reconnaissance ironique de ses limites.

---

[2] On voit s'exercer une telle critique du concept de raison hérité des Lumières dans l'ouvrage de John Saul, *Voltaire's Bastards: The Dictatorship of Reason in the West*. New York: Free Press; Toronto: Maxwell Macmillan International, 1992.

BIBLIOGRAPHIE CRITIQUE

Roland Barthes, «Le dernier des écrivains heureux,» préface aux *Romans et Contes* de Voltaire. Paris: Folio Gallimard, 1972, p. 9-17. *Le plaisir du texte*. Paris: Seuil, 1973.

Paul Benichou, *Morales du grand siècle*. Paris: Gallimard, 1948.

Georges Benrekassa, *Fables de la personne: pour une histoire de la subjectivité*. Paris: PUF, 1985.

Pierre-Joseph Boudier de Villemert, *Apologie de la frivolité, lettre à un Anglois*. Paris: Prault père, 1750.

Peter Brooks, *The Novel of Wordliness*. Princeton: Princeton University Press, 1969.

Jay Caplan, *Framed Narratives: Diderot's Genealogy of the Beholder*, Minneapolis: University of Minnesota Press, 1985.

Colette Cazenobe, *Le système du libertinage de Crébillon à Laclos*. Oxford: The Voltaire Foundation, 1991.

Robert Chasles, *Les illustres Françaises*. Paris: Les Belles-Lettres, 1959.

Jacques et Anne-Marie Chouillet, introduction et postface à *La religieuse*. Paris, Librairie Générale Française, 1983.

Condillac, *Extrait raisonné du Traité des sensations*, dans *Traité des Sensations*. Paris: Fayard, 1984.

Henri Coulet, *Le roman jusqu'à la révolution*. Paris: Armand Colin, 1967, 2 vol.

Crébillon-fils, *La nuit et le moment*. Paris: Editions Desjonquères, 1983. *Le Sopha*. Paris: U.G.E., 1966. *L'écumoire ou Tanzai et Néadarné*. Paris: Nizet, 1976.

Peter Cryle, *Geometry in the Boudoir: Configurations of French Erotic Narrative*. Ithaca: Cornell University Press, 1994.

Jean Dagen, *Introduction à la sophistique amoureuse dans Les égarements du cœur et de l'esprit de Crébillon fils*. Paris: Champion, 1995.

Robert Darnton, *The Forbidden Best-Sellers of Pre-Revolutionary France*. New York: W.W. Norton and Company, 1995.

Rosalina de la Carrera, «Epistolary Triangles: The Preface-Annexe of *La religieuse* Reexamined», *The Eighteenth-Century: Theory and Interpretation*, vol. 29, Fall 1988, pp. 263-280.

Frédéric Deloffre et Raymond Picard, «Genèse de *Manon Lescaut*,» Paris: Garnier, 1965. Nouvelle édition en 1990.

Michel Delon, *L'idée d'énergie au siècle des Lumières*, Paris, PUF, 1988. Introduction à *Point de lendemain* de Vivant Denon suivi de *La petite maison* de Jean-François Bastide. Paris: Gallimard, Folio, 1995. «La réflexivité du roman libertin,» in *Offene Gefüge-Literatursystem und Lebenswirklichkeit*. Tübingen: Gunter Narr Verlag, 1994, pp. 75-89.

René Démoris, *Le roman à la première personne du classicisme aux Lumières*. Paris: Armand Colin, 1975. *Le silence de Manon*. Paris: PUF, 1995. Introduction à *Point de lendemain*, Paris: Desjonquères, 1987.

Anne Deneys-Tuney, *Ecritures du Corps de Descartes à Laclos*. Paris: PUF, 1992.

Jean-Pierre Dens, *L'Honnête homme et la critique du goût. Esthétique et Société au XVIIe siècle*. Lexington, Kentucky: French Forum Publishers, 1981.

Diderot et d'Alembert: *Encyclopédie, ou Dictionnaire raisonné des arts, des sciences, et des métiers*. Paris, 1756-1765.

Denis Diderot, *Sur les femmes. Supplément au voyage de Bougainville, Œuvres*. Paris: Gallimard, 1951. *Eloge de Richardson*, dans *Œuvres Complètes*, tome XIII, *Arts et Lettres (1739-1766)*, ed. Jean Varloot. Paris, Hermann, 1980.

Herbert Dieckmann, «The Preface-Annexe of *La religieuse*», Diderot Studies, 2, 1953, pp. 21-47.

Elisabeth de Fontenay, *Diderot ou le matérialisme enchanté*. Paris: Livre de poche, 1987.

Bernadette Fort, *Le Langage de l'ambiguïté dans l'œuvre de Crébillon*. Paris: Editions Klincksieck, 1978. «Manon's Suppressed Voice: the Uses of Reported Speech», *Romanic Review*, 76, 1985, 172-191.

Michel Foucault, «Un si cruel savoir», *Critique*, juillet 1962, p. 600.

Lucienne Frappier-Mazur, *Sade ou l'écriture de l'orgie*. Paris: Nathan, 1991.

Corinna Gepner, «L'autoportrait de la narratrice dans *La Religieuse*: Les ruses du regard», *Recherches sur Diderot et L'Encyclopédie*, vol.17, Oct. 1994, pp. 55-67.

Violaine Géraud, *La lettre et l'esprit de Crébillon fils*. Paris: CDU et Sédès, 1995.

Anne Giard, «Le 'Monde' dans *Les égarements*,» *Stanford French Review*, 1985, v.9, p.33-46. *Savoir et récit chez Crébillon*. Paris-Genève: Champion-Slatkine, 1986.

Jean-Marie Goulemot, *Ces livres qu'on ne lit que d'une main. Lecture et lecteurs du livre pornographique au XVIIIe siècle*. Aix-en-Provence: Editions Alinea, 1991. Edition revue et corrigée, Paris: Minerve, 1994.

Henry Harrisse, *L'Abbé Prévost, Histoire de sa vie et de ses œuvres d'après des documents nouveaux*. Paris: Calmann-Lévy, 1896 et *La Vie monastique de l'abbé Prévost*. Paris: Leclerc, 1903.

Lynn Hunt, editeur, *The Invention of Pornography: Obscenity and the Origin of Modernity, 1500-1800*. New York: Zone Books, 1993.

Etienne Joyeux, «Les récits de des Grieux,» *French Studies of Southern Africa*, 9 (1980), 2-18.

Dominique Jullien, «Locus hystericus: l'image du couvent dans *La religieuse* de Diderot,» *French Forum*, 15, 2, May 1990, p. 133-149.

Thomas Kavanagh, *Enlightenment and the Shadow of Chance*, Baltimore: The Johns Hopkins University Press, 1993.

Dorothy Kelly, *Telling Glances: Voyeurism in the French Novel*. New Brunswick, NJ: Rutgers University Press, 1992.

Roger Kempf, *Diderot et le roman, ou le démon de la présence*. Paris: Seuil, 1964.

Milan Kundera, *La lenteur*. Paris: Gallimard, 1995.

Lenglet-Dufresnoy, *De l'usage des romans, où l'on fait voir leur utilité et leurs différences*. Amsterdam, veuve de Poilras, 1734; Genève, Slatkine, 1970.

La Mettrie, *L'homme machine*, Leyde, 1747.

Roger Lewinter, *Diderot ou les mots de l'absence. Essai sur la forme de l'œuvre*. Paris: Editions Champ Libre, 1970; «Introduction à *La religieuse*», *Œuvres Complètes* de Diderot, Tome IV. Paris: Club Français du Livre, 1970.

Maurice Magendie, *La Politesse mondaine et les théories de l'honnêteté en France au XVIIe siècle, de 1600 à 1660*. Genève: Slatkine Reprints, 1970 (première édition: Paris, 1925).

Marivaux, *Œuvres de Jeunesse*, éd. Frédéric Deloffre. Paris: Gallimard, Bibliothèque de la Pléiade, 1972. «Avis au lecteur», p. 3-9;
and «Lettre sur les habitants de Paris». *Journaux et Œuvres diverses*,
éd. Frédéric Deloffre et Michel Gilot. Paris: Classiques Garnier,
1968.

David Marshall, *The Surprising Effects of sympathy: Marivaux, Diderot, Rousseau and Mary Shelley*, Chicago: University of Chicago
Press, 1988.

Robert Mauzi: *L'idée du bonheur dans la littérature et la pensée française au XVIIIᵉ siècle*. Paris: Armand Colin, 1960, et Genève: Slatkine Reprints, 1979. «Humour et Colère dans *La religieuse*, introduction au tome IV des *Œuvres complètes* de Diderot. Paris: Club
Français du Livre, 1970.

George May, *Le dilemme du roman au XVIIIᵉ siècle. Etude sur les rapports du roman et de la critique (1715-1761)*. New Haven: Yale
University Press, and Paris: P.U.F., 1963. *La Religieuse de Diderot*, Paris, PUF, 1954.

Nancy K. Miller, *French Dressing. Women, Men and Ancien Regime
Fiction*. New York: Routledge, 1995. *The Heroine's Text: Readings
in the French and English Novel. 1722-1782*. New York: Columbia
University Press, 1980.

Montesquieu, *Les Pensées. Œuvres complètes*, I, éd. Roger Caillois.
Paris: Gallimard, Bibliothèque de la Pléiade, 1946.

Vivienne Mylne, *The Eighteenth-Century French Novel: Techniques of
Illusion*. Manchester: Manchester University Press, 1965.

Georges Poulet: *Etudes sur le temps humain*. Paris: Gallimard, 1950.

Jacques Proust, «Le Corps de Manon, *Littérature*, 4, 1971, 5-21.
L'Objet et le Texte. Genève: Droz, 1980.

Walter Rex, *The Attraction of the Contrary. Essays on the Literature of
the French Enlightenment*. Cambridge, Cambridge U.P., 1987.

Philippe Roger, «Au bonheur des dames sensées», introduction à *Thérèse philosophe, Œuvres anonymes du XVIIIᵉ siècle*, III. *L'Enfer de
la Bibliothèque Nationale*, 5. Paris: Fayard, 1986.

Jean-Jacques Rousseau, *Les confessions*. Paris: Gallimard, bibliothèque
de la Pléiade, I, 1959.

Sade, *Idée sur les romans, suivi de L'auteur des Crimes de l'amour à
Villeterque, Folliculaire*, éd. Jean Glastier. Paris: Ducros, 1970.
Histoire de Juliette. Paris: Editions du cercle du livre précieux,
1967, VIII, IX.

Pierre Saint-Amand, *Séduire ou la passion des Lumières*. Paris: Méridien-Klincksieck, 1987. «D'une mère l'autre», dans *Les dilemmes du roman. Mélanges offerts à Georges May*. Catherine Lafarge ed., Stanford: Stanford Univ. Press, 1992.

John Saul, *Voltaire's Bastards: The Dictatorship of Reason in the West*. New York: Free Press; Toronto: Maxwell Macmillan International, 1992.

Naomi Segal, *The Unintended Reader: Feminism and Manon Lescaut*. Cambridge: Cambridge University Press, 1986.

Andrej Semiek, *La recherche morale et esthétique dans le roman de Crébillon fils*. Oxford: Studies on Voltaire 200, The Voltaire Foundation, 1980.

Jean-Pierre Sermain: *Rhétorique et roman au XVIIIe siècle. L'exemple de Prévost et de Marivaux* (1728-1742), *Studies on Voltaire*, Oxford, 1985.

Jean Sgard, *L'abbé Prévost: labyrinthes de la mémoire*. Paris, PUF, 1986. «La notion d'égarement chez Crébillon», *Dix-huitième siècle*, 1, 1969, p. 240-249. *Prévost romancier*. Paris: Corti, 1968/89. *Vingt études sur Prévost d'Exiles*. Grenoble: Ellug, 1995.

Alan Singerman, *L'abbé Prévost. L'amour et la morale*. Genève: Droz, 1987.

Philippe Sollers, *La fête à Venise*. Paris: Gallimard, 1991. *Le Cavalier du Louvre*. Paris: Plon, 1995.

Jean Starobinski, *Le remède dans le mal: critique et légitimation de l'artifice à l'âge des Lumières*. Paris: Gallimard, 1989.

Philip Stewart: *Imitation and Illusion in the French Memoir-Novel*, 1700-1750. New Haven: Yale University Press, 1969. *Le masque et la parole. Le langage de l'amour au XVIIIe siècle*. Paris: Corti, 1973.

Raymond Trousson, *Romans libertins du XVIIIe siècle*. Paris: Laffont, collection Bouquins, 1993.

Laurent Versini: *Laclos et la tradition. Essai sur les sources et la technique des Liaisons dangereuses*. Paris: Klincsieck, 1968.

Patrick Wald Lasowski, *Libertines*. Paris: Gallimard, 1980.

Arthur M. Wilson, *Diderot. Sa vie et son œuvre*. Paris: Laffont-Ramsay, Bouquins, 1985 (1957 pour la publication en anglais). Traduit par G. Chahine, A. Lorenceau et A. Villelaw.

TABLE DES MATIÈRES

LES ROMANCIERS DU PLAISIR

Imprimé en Suisse

215